QUE LA VENTA TE ACOMPAÑE

PROFIT editorial

Profit Editorial, sello editorial de referencia en libros de empresa y management. Con más de 400 títulos en catálogo, ofrece respuestas y soluciones en las temáticas:

- Management, liderazgo y emprendeduría.
- Contabilidad, control y finanzas.
- Bolsa y mercados.
- Recursos humanos, formación y coaching.
- Marketing y ventas.
- Comunicación, relaciones públicas y habilidades directivas.
- Producción y operaciones.

E-books:
Todos los títulos disponibles en formato digital están en todas las plataformas del mundo de distribución de e-books.

Manténgase informado:
Únase al grupo de personas interesadas en recibir, de forma totalmente gratuita, información periódica, newsletters de nuestras publicaciones y novedades a través del QR:

Dónde seguirnos:

  @profiteditorial

  Profit Editorial

Ejemplares de evaluación:
Nuestros títulos están disponibles para su evaluación por parte de docentes. Aceptamos solicitudes de evaluación de cualquier docente, siempre que esté registrado en nuestra base de datos como tal y con actividad docente regular Usted puede registrarse como docente a través del QR:

Nuestro servicio de atención al cliente:
Teléfono: **+34 934 109 793**
E-mail: **info@profiteditorial.com**

Marcos Álvarez

QUE LA VENTA TE ACOMPAÑE

Dirige al mejor equipo de ventas de la galaxia

Todos los derechos reservados
© Marcos Álvarez, 2024
© Profit Editorial I., S.L. 2024
Primera edición: Mayo, 2024

Impresión: Gráficas Rey
Impreso en España / Printed in Spain

ISBN: 978-84-19841-94-0
Depósito legal: B19-2024

© Diseño y maquetación: Sonia Sáez | www.soniaymas.es
© Diseño de cubierta: XicArt

Fotos: Freepik
Todos los iconos están creados por Gregor Cresnar desde The Noun Project.

Para Bastian, Dulce, Iyán y Sira; que la Fuerza os acompañe con la misma fuerza que siempre me acompañáis a mí.

No hay emoción, hay paz. No hay ignorancia, hay conocimiento. No hay pasión, hay serenidad. No hay caos, hay armonía.

Fragmento del Código de los Jedi

ÍNDICE

EN UNA GALAXIA NO TAN LEJANA

El miedo es el camino hacia el Lado Oscuro, el miedo lleva a la ira, la ira lleva al odio, el odio lleva al sufrimiento, el sufrimiento al Lado Oscuro.

Yoda

 # Ejecución

¿CÓMO IMPACTA A LA VENTA EL FACTOR HUMANO?

Muchos de los que me conocen me preguntan: «Marcos, ¿cuánto tiempo te puede llevar escribir uno de tus libros?», a lo que yo suelo responderles que, si por escribir entienden el tiempo que dedico a teclear delante de la pantalla de mi ordenador, como ahora estoy haciendo, puedo tener el libro escrito en unas pocas semanas, pero para poder escribir ese texto he necesitado aprender, interiorizar, aplicar e, incluso, enseñar lo que comparto con mis lectores durante más de dos décadas.

Desde que empecé a desempeñar mi trabajo en este sector, allá por el año 1998, el comercio minorista ha experimentado una evolución vertiginosa, habiéndose transformado por completo la forma en que compramos y vendemos. Desde la llegada de internet hasta la revolución del comercio electrónico, varios hitos han marcado esta evolución. Esta transformación del comercio minorista en las últimas dos décadas y media ha sido impulsada por avances tecnológicos, cambios en el comportamiento del consumidor y un enfoque en la personalización y la experiencia del cliente.

A finales de los años 90 y principios de los 2000, el surgimiento de empresas como Amazon y eBay marcó el comienzo del comercio electrónico a gran escala. La posibilidad de comprar desde casa cambió radicalmente los hábitos de consumo. Más tarde, en la década de 2010, muchas marcas tradicionales comenzaron a ofrecer sus productos para comprar *online*, lo que impulsó la creación y el desarrollo de plataformas de comercio electrónico más sofisticadas.

Al mismo tiempo, el enfoque en la experiencia del cliente llevó al desarrollo de estrategias omnicanal, donde las empresas comenzaron a integrar sus operaciones a través de los distintos canales de venta para brindar una experiencia de compra fluida y consistente a sus clientes.

La llegada y el rápido crecimiento y desarrollo de los *smartphones* facilitó que los consumidores comprasen en cualquier momento y lugar. Las aplicaciones móviles y las *interfaces* optimizadas para dispositivos móviles se convirtieron en una parte esencial de la estrategia del comercio minorista. A su vez, la recopilación de datos y la inteligencia artificial han permitido una personalización avanzada en las recomendaciones de productos y en la experiencia de compra, ofreciendo ofertas más relevantes y adaptadas a los gustos individuales.

Debido al auge del comercio electrónico, las tiendas físicas se han visto obligadas a reinventarse y han evolucionado para ofrecer experiencias más inmersivas, con tecnología innovadora, espacios de experiencia de marca y servicios adicionales para atraer a los clientes. Por otra parte, en los últimos años, ha habido un enfoque creciente en la sostenibilidad y la responsabilidad social en el *retail*. Los consumidores demandan cada vez más productos y marcas que sean éticas y sostenibles.

Por su parte, los vendedores en el comercio minorista han experimentado una transformación notable en la forma en que prestan sus servicios, influenciada por cambios en las expectativas de los clientes y los avances tecnológicos. Los vendedores ahora están más centrados en proporcionar experiencias excepcionales. Han pasado de simplemente vender productos a ser asesores y guías para los clientes. La personalización y la empatía son elementos clave para satisfacer las necesidades específicas de cada comprador. Además, los vendedores han tenido que expandir su conocimiento sobre los productos. Antes, podían confiar en tener información básica, pero ahora se espera que estén al tanto de las características, usos y diferencias entre productos, especialmente cuando los clientes pueden investigar fácilmente en internet.

En la actualidad, se valora más que nunca la capacidad de comunicación efectiva y la empatía. Los vendedores deben ser capaces de conectar emocionalmente con los clientes, entender sus necesidades y resolver problemas de manera proactiva. Han pasado a adoptar un enfoque más consultivo. Esto implica entender las necesidades del cliente, hacer recomendaciones basadas en esas necesidades y ofrecer soluciones integrales.

En el fascinante mundo del comercio minorista, cada interacción con un cliente es una oportunidad para crear una experiencia memorable y forjar conexiones duraderas. En este libro, exploraremos el arte y la ciencia de las ventas en tiendas, centrándonos no solo en la teoría, sino en el corazón mismo de lo que impulsa el éxito en este campo: la ejecución estratégica. Las tiendas minoristas son mucho más que espacios físicos repletos de productos. Son universos vibrantes donde la estrategia se encuentra con la acción, donde los equipos son el motor que transforma los objetivos en realidades tangibles. Aquí, el dominio de la ejecución estratégica es la clave para alcanzar metas, satisfacer a los clientes y asegurar el crecimiento continuo.

¿Por qué es tan crucial la ejecución estratégica? Porque una estrategia brillante, sin una ejecución efectiva, es como un mapa sin alguien que lo siga. Imagina una tienda con una estrategia diseñada para aumentar las ventas, mejorar la experiencia del cliente y fortalecer la fidelización. Ahora, visualiza a un equipo comprometido, capacitado y alineado con esa estrategia, ejecutándola con precisión y pasión. Esa sinergia entre estrategia y ejecución es la fórmula secreta para tener éxito en este competitivo sector.

Piensa en una tienda minorista que quiere implementar una estrategia para aumentar sus ventas en un 20 % durante el próximo periodo. La estrategia detalla cómo la tienda planea alcanzar ese aumento en las ventas. Por ejemplo, la estrategia podría incluir la introducción de descuentos, campañas de marketing enfocadas en clientes específicos o aumentar la interacción con los clientes a través de eventos especiales. Por su parte, la ejecución implica poner en práctica cada componente de esa estrategia. Significa implementar los descuentos de manera efectiva, lanzar campañas publicitarias específicas *online* y en la tienda física y capacitar al personal para brindar una mejor atención al cliente. En resumen, la ejecución es el vehículo que lleva a cabo la estrategia. Una estrategia brillante sin una ejecución efectiva puede ser inútil, al igual que una ejecución eficiente sin una estrategia sólida puede llevar a un esfuerzo sin dirección ni propósito. La combinación exitosa de ambas es esencial para lograr resultados sostenibles y significativos.

Ahora que ya conoces la importancia de la ejecución, prepárate para explorar estrategias prácticas, historias inspiradoras y consejos probados que te llevarán a dominar la ejecución estratégica en el emocionante universo del *retail*. Que la venta te acompañe en este viaje hacia el éxito en las tiendas.

 **Método**

¿CÓMO MEJORAR LA EJECUCIÓN DE LOS VENDEDORES?

El *homo economicus* es un concepto de la economía clásica que describe a las personas como seres racionales y lógicos, que toman aquellas decisiones que maximizan su propio beneficio. Esta teoría asume que las personas siempre tienen toda la información disponible, procesan esa información de manera perfecta y siempre eligen la opción que les brinde la mayor utilidad o beneficio. Por otro lado, la economía conductual se aparta de esa idea y estudia cómo las personas deciden en la vida real y considera que las personas a menudo toman decisiones basadas en emociones, influencias sociales, atajos mentales y sesgos, en lugar de seguir un modelo estrictamente racional y lógico. La economía conductual se basa en varias ideas fundamentales que desafían las suposiciones tradicionales de la economía clásica, y algunas de ellas son:

- **La racionalidad limitada:** A diferencia de la visión de la economía clásica, la economía conductual reconoce que las personas tienen limitaciones en su capacidad para procesar información y tomar decisiones de manera totalmente racional.
- **Sesgos y heurísticas:** Resalta la presencia de sesgos cognitivos, que son patrones sistemáticos de desviación en el pensamiento, y heurísticas, que son atajos mentales que simplifican la toma de decisiones. Reconoce que estos sesgos y atajos pueden llevar a decisiones no óptimas desde un punto de vista racional.
- **Emociones y contextos sociales:** La economía conductual considera el papel de las emociones en la toma de decisio-

nes financieras. Reconoce que las emociones y los contextos sociales pueden influir en cómo las personas evalúan las opciones y toman decisiones económicas.

- **Falta de consistencia en las preferencias:** A menudo, las preferencias de las personas no son constantes y pueden cambiar según el contexto, el marco de referencia o el momento en que se toma una decisión. Esto desafía la idea de preferencias estables y consistentes en la economía clásica.
- **Nudges (empujoncitos) y arquitectura de elección:** Son intervenciones suaves que pueden influir en las decisiones de las personas sin coartar su libertad de elección. La economía conductual explora cómo el diseño de elecciones puede influir en el comportamiento humano, por ejemplo, mediante la presentación de opciones de manera que se favorezca una elección particular.

Las limitaciones de procesamiento son una de las bases de la economía conductual y se refieren a las restricciones que enfrenta nuestra capacidad cognitiva para procesar información de manera completa y precisa al tomar decisiones. Estas limitaciones en el procesamiento cognitivo muestran que nuestra capacidad para procesar información está sujeta a restricciones y que nuestras decisiones pueden estar influenciadas por factores que van más allá de la pura lógica y racionalidad. Algunas de estas limitaciones incluyen:

- **Sobrecarga de información:** En un mundo inundado de datos y opciones, la cantidad abrumadora de información puede exceder nuestra capacidad para procesarla de manera eficiente. Esta sobrecarga puede llevar a atajos mentales o a tomar decisiones basadas en información incompleta.
- **Complejidad de decisiones:** Las decisiones complejas con múltiples variables pueden ser difíciles de evaluar de ma-

nera exhaustiva. La cognición humana tiene límites para considerar todas las implicaciones y posibles resultados, lo que puede resultar en simplificaciones excesivas o enfoques limitados al tomar decisiones complejas.

- **Tiempo y recursos limitados:** Nuestros recursos cognitivos, como la atención y el tiempo, son limitados. Al enfrentar múltiples decisiones o tareas simultáneas, nuestra capacidad para dedicar una atención completa a cada una se ve comprometida, lo que puede llevar a decisiones subóptimas.

- **Fatiga y estrés:** La fatiga mental o el estrés pueden disminuir nuestra capacidad para procesar información de manera efectiva. En tales condiciones, las decisiones pueden basarse en atajos cognitivos rápidos o en la preferencia por opciones más simples y menos demandantes cognitivamente.

- **Sesgos y emociones:** Los sesgos cognitivos y las emociones también pueden interferir con nuestro procesamiento de información. Por ejemplo, un sesgo de confirmación puede hacer que busquemos información que confirme nuestras creencias preexistentes e ignoremos datos contradictorios.

Un ejemplo de estos sesgos es el conocido como efecto Dunning-Kruger, un fenómeno psicológico en el que las personas con habilidades limitadas o conocimientos insuficientes sobre un tema tienden a sobreestimar su habilidad o conocimiento en comparación con otros. En un equipo de vendedores, este efecto puede manifestarse de varias maneras:

- **Sobreconfianza en habilidades limitadas:** Algunos vendedores pueden creer que son excepcionalmente buenos en su trabajo, pero esta percepción puede basarse en habilidades limitadas o experiencias pasadas. Por ejemplo, podrían sentir que son los mejores en cerrar ventas debido a algunos éxitos pasados, pero no consideran otros aspectos cruciales de su desempeño.

- **Falta de reconocimiento de la competencia:** Los vendedores afectados por el efecto Dunning-Kruger pueden tener dificultades para reconocer la competencia de sus colegas o para entender la calidad de sus propias habilidades en comparación con otros miembros del equipo. Esto puede llevar a una visión distorsionada de su desempeño en relación con el resto del equipo.

- **Resistencia a la mejora:** La sobreestimación de sus habilidades puede dificultar que estos vendedores reconozcan la necesidad de mejorar o recibir feedback constructivo. Podrían rechazar consejos o sugerencias para mejorar su desempeño porque creen que ya son expertos en su campo.

El efecto Dunning-Kruger se representa comúnmente a través de lo que se conoce como «las cuatro zonas del conocimiento». Estas zonas describen cómo la habilidad percibida está relacionada con el conocimiento real en un área determinada:

1. **Incompetencia inconsciente:** En esta primera etapa, las personas tienen habilidades limitadas o conocimiento insuficiente en un área particular, pero tienden a sobreestimar sus habilidades. Carecen de conciencia sobre la magnitud de su incompetencia porque no tienen suficiente conocimiento para reconocerla.

2. **Incompetencia consciente:** A medida que las personas comienzan a adquirir más conocimiento y experiencia en un área, entran en la fase de duda reflexiva. Empiezan a cuestionar su competencia debido a una mayor conciencia sobre la complejidad del tema. Este es un punto en el que las

personas se vuelven conscientes de cuánto tienen aún por aprender.

3. **Capacidad creciente:** Con más experiencia y conocimiento, las personas comienzan a desarrollar habilidades. Aunque pueden sentirse más seguras, también reconocen que siempre hay más por aprender.

4. **Competencia consciente:** En esta etapa, las personas tienen un alto nivel de habilidad y conocimiento en el área y también son conscientes de sus fortalezas y debilidades y tienen una comprensión realista de la profundidad del tema.

Si algunos miembros del equipo se ven afectados por el efecto Dunning-Kruger, esto puede afectar la dinámica del equipo y la colaboración. La falta de reconocimiento de habilidades reales o la resistencia a aprender de otros puede limitar el progreso colectivo. Para contrarrestar este efecto, es esencial fomentar una cultura de aprendizaje continuo y retroalimentación abierta en el equipo. La formación continuada y el reconocimiento de habilidades reales pueden ayudar a mitigar el impacto de este efecto, fomentando un entorno donde se valoren y se busquen oportunidades para el crecimiento y la mejora constante.

La forma más adecuada de promover esta mejora es mediante el uso del método científico, ya que su enfoque estructurado y basado en la evidencia permite identificar problemas, probar soluciones y evaluar resultados de manera sistemática. El método científico tiene sus raíces en la antigua Grecia, pero su estructura y desarrollo se han ido refinando a lo largo de la historia. Los filósofos griegos fueron pioneros en la observación sistemática y el razonamiento lógico para comprender el mundo natural. Aristóteles, por ejemplo, fue uno de los primeros en utilizar la observación y la lógica como herramientas para generar conocimiento. A lo largo de la historia, el método científico ha evolucionado, adoptando nuevas herramientas y enfoques, pero su núcleo sigue siendo el mismo: un proceso sistemático y estructurado para adquirir conocimiento sobre el mundo natural mediante la observación, la experimentación y la formulación de teorías basadas en la evidencia empírica. Al seguir este enfoque, se fomenta una cultura de mejora continua, ya que se utilizan datos y pruebas para tomar decisiones, ajustar estrategias y abordar áreas que necesitan mejoras. Esto permite adaptarse a los cambios, resolver problemas y optimizar procesos de manera constante.

Imagina una tienda minorista que ha experimentado una disminución del 20% en sus ventas durante el último año. El equipo de ventas decide aplicar el método científico para identificar y abordar las posibles razones detrás de esta caída y mejorar sus resultados, siguiendo las etapas de este método:

1. **Observación y análisis inicial:** El equipo observa el comportamiento de los clientes, revisa las métricas de ventas y nota que hay una disminución en el número de clientes que entran en la tienda, así como una caída en la tasa de conversión de visitantes a compradores.

2. **Planteamiento de la pregunta:** ¿Qué factores podrían estar contribuyendo a la disminución del flujo de clientes y la baja tasa de conversión? ¿La calidad del servicio al cliente, los precios o la competencia externa?

3. **Hipótesis y experimentación:** Basándose en las observaciones, el equipo formula una hipótesis de que un enfoque más proactivo en el servicio al cliente podría mejorar la experiencia de compra y aumentar las ventas. Decide realizar un experimento piloto brindando un servicio más personalizado.

4. **Recopilación y análisis de datos:** Durante el periodo experimental, recopilan datos sobre el flujo de clientes, la interac-

ción del personal con los clientes, la tasa de conversión y la satisfacción del cliente. También comparan estas métricas con el desempeño anterior.

5. **Conclusiones y ajustes:** Tras analizar los datos recopilados, descubren que el nuevo enfoque en el servicio al cliente ha mejorado la experiencia de compra. La prueba muestra un aumento del 15 % en la tasa de conversión y una mayor satisfacción del cliente.

6. **Seguimiento y refinamiento:** Basándose en los resultados positivos, implementan los cambios en otras tiendas de la cadena. Además, continúan revisando las métricas de ventas y la retroalimentación de los clientes para realizar ajustes y mejoras adicionales.

Al utilizar el método científico, la tienda puede identificar áreas específicas de mejora, probar soluciones potenciales y tomar decisiones basadas en datos para revertir la disminución en las ventas. Esto les permite adaptarse y mejorar continuamente su enfoque de ventas para satisfacer las necesidades cambiantes de los clientes.

PASA A LA ACCIÓN

La retrospectiva de la estrella es una técnica utilizada en metodologías ágiles para reflexionar sobre un proyecto o un período de tiempo específico y promover la mejora continua en un equipo. Es una técnica versátil que puede adaptarse a las necesidades específicas de cada equipo y proyecto. Funciona de la siguiente manera:

1. Reúne el equipo en un espacio adecuado y dibuja una estrella de cinco puntas. Cada punta representa una categoría de reflexión: «Dejar de hacer», «Hacer menos», «Continuar haciendo», «Hacer más» y «Empezar a hacer»,

2. Invita al equipo a reflexionar sobre el proyecto o período de tiempo y a escribir sus pensamientos en notas adhesivas, para cada categoría de la estrella.

3. Una vez que se han generado todas las ideas, coloca las notas adhesivas en la estrella según su categoría. El equipo luego discute y agrupa las ideas similares para identificar patrones o tendencias.

4. El equipo decide acciones concretas basadas en las reflexiones. Establece compromisos para implementar los cambios necesarios y mejorar en las áreas identificadas.

5. Antes de cerrar la reunión, averigua si algo impedirá que los miembros del equipo implementen los cambios acordados. Hacer esto mientras todos todavía están reunidos es útil porque otros miembros del equipo pueden tener ideas para abordar los obstáculos.

 **Acción**

¿CÓMO NOS CONVERTIMOS EN VENDEDORES?

En una ciudad bulliciosa, Sergio, recién graduado en Administración de Empresas, se enfrentaba a la incorporación al mundo laboral con ansias de poner en práctica todos los conocimientos adquiridos en su vida académica y progresar profesionalmente. Tras meses de búsqueda, consiguió un trabajo en una cadena de tiendas de ropa. Al principio, Sergio se vio sumergido en el caos de la tienda. Sus conocimientos teóricos no coincidían con la realidad del ritmo frenético de las ventas. Incluso pensó en dejar su empleo cuando se sintió abrumado por la presión y su falta de experiencia real en ventas.

Sin embargo, Sergio encontró ayuda en Sofía, una vendedora experimentada de su misma tienda. Ella se convirtió en su mentora, enseñándole los secretos de persuasión, la importancia del servicio al cliente y cómo entender sus necesidades. Con el apoyo de Sofía, Sergio dejó atrás su inseguridad inicial. Aprendió a conectarse con los clientes, a sugerir prendas según sus gustos y a trabajar en equipo para mejorar las ventas. A medida que enfrentaba nuevos retos, desde lidiar con clientes difíciles hasta alcanzar objetivos de ventas, Sergio descubrió una habilidad innata para comprender las tendencias y gustos de los compradores. Poco a poco fue ganando confianza en sus habilidades de venta y en su capacidad para liderar.

Cuando la cadena de tiendas tuvo que reorganizar su estructura y buscar un responsable para dirigir un área de ventas, Sergio, impulsado por su nueva confianza y habilidades adquiridas, se postuló para el puesto. La recompensa no fue solo obtener el cargo, sino también el reconocimiento de su capacidad y el apoyo de sus colegas. Se convirtió en el responsable de su área de ventas, liderando al equipo con su visión estratégica, motivación y conocimiento del mercado. En su nueva misión, Sergio compartía su experiencia con otros jóvenes empleados de tienda, convirtiéndose en un mentor para aquellos que, como él, anhelaban crecer en el mundo de las ventas. Transformó su área en un espacio donde la innovación y el compromiso se valoraban, llevando a sus tiendas a nuevos niveles de éxito.

Seguro que la historia te puede resultar familiar y, si llevas tiempo en el mundo del comercio, has podido encontrarte con casos muy similares a los del protagonista de este relato. Podemos decir que Sergio, a través de su historia, juega el papel de un «héroe moderno», en su viaje desde ser un recién licenciado sin experiencia hasta convertirse en un líder en el mundo de las ventas, mostrando cómo el aprendizaje, la perseverancia y la orientación pueden transformar a alguien en un experto.

El *viaje del héroe* es una estructura narrativa poderosa y universal que se repite en diferentes historias, desde la mitología clásica hasta la ficción contemporánea, conectando con la experiencia humana de crecimiento, transformación y superación de desafíos. Este viaje sigue una estructura de etapas que experimenta el héroe durante su aventura, desde su llamada a la acción hasta su regreso transformado. Estas etapas pueden variar ligeramente, pero generalmente incluyen:

1. **Llamada a la aventura:** Sergio, recién graduado, se enfrenta al desafiante mundo laboral y consigue un trabajo en una tienda de ropa, adentrándose en el ámbito de las ventas.

2. **La negativa a la llamada:** Se siente abrumado por la presión y la falta de experiencia en ventas, lo que inicialmente le

hace dudar de su capacidad para sobresalir en ese entorno.

3. **La ayuda sobrenatural:** Encuentra ayuda en Sofía, una vendedora experimentada que se convierte en su mentora, enseñándole los secretos y habilidades necesarias para sobresalir en el mundo de las ventas.

4. **El cruce del umbral:** Acepta el desafío y comienza a aplicar las lecciones aprendidas.

5. **Las pruebas, aliados y enemigos:** Enfrenta diversas pruebas, desde tratar con clientes difíciles hasta alcanzar objetivos de ventas. Encuentra en Sofía un aliado fundamental y enfrenta desafíos tanto en el trato con clientes como en el cumplimiento de metas.

6. **La transformación:** Descubre sus habilidades innatas para entender los gustos de los compradores y gana confianza en sus habilidades de venta, transformándose en un vendedor más seguro y capaz.

7. **El enfrentamiento final:** Decide postularse para un puesto de responsabilidad en ventas cuando la cadena necesita un líder en su área, enfrentándose así al desafío mayor de dirigir un equipo y tomar decisiones estratégicas.

8. **La recompensa o el elixir:** Obtiene el cargo de responsable de su área, logrando el reconocimiento por sus habilidades y liderazgo en el mundo de las ventas.

9. **El regreso con el elixir:** Comparte su experiencia y conocimientos con otros empleados, convirtiéndose en un mentor y líder.

En el *retail* actual, cada momento de contacto o *touchpoint* que los empleados tienen con la marca influye en si permanecerán o no en la organización. De hecho, la experiencia de los empleados comienza incluso antes de que las personas presenten su solicitud: todos los días, los empleados califican silenciosamente su lugar de trabajo, preguntándose si les brindaría los momentos que más les importan, y pueden permitirse el lujo de ser exigentes en el ajustado mercado laboral actual. Las personas quieren un trabajo valioso y están eligiendo cuidadosamente lugares de trabajo que apoyen sus objetivos profesionales y de estilo de vida. Adicionalmente, estamos viviendo un nuevo fenómeno en el ámbito laboral conocido como «la gran renuncia», reforzado tras la pandemia de la COVID-19, donde un número notablemente mayor al habitual de trabajadores renuncia o decide cambiar de empleo. Algunos factores que han contribuido a este fenómeno incluyen:

- **Cambios en las prioridades personales:** La pandemia llevó a muchas personas a replantearse sus valores y prioridades. Algunos buscan un mejor equilibrio entre el trabajo y la vida personal, valorando más la flexibilidad y el bienestar.

- **Fatiga laboral:** El estrés prolongado relacionado con la pandemia, como el trabajo remoto, largas jornadas laborales, o la falta de desconexión entre vida laboral y personal, ha contribuido al agotamiento y la fatiga laboral.

- **Reevaluación de las carreras profesionales:** Muchos han reconsiderado sus trayectorias profesionales y han optado por buscar empleos que se alineen más con sus intereses, pasiones o propósitos personales.

- **Cambios en las condiciones laborales:** La falta de satisfacción con las condiciones laborales, como la remuneración, beneficios, oportunidades de desarrollo y cultura laboral, ha llevado a la renuncia en busca de mejores opciones.

Actualmente, las empresas minoristas experimentan dificultades para contratar y retener empleados. Muchos trabajadores del *retail* han optado por abandonar sus puestos debido a condiciones laborales insatisfactorias, incluyendo bajos salarios, falta de beneficios y condiciones de trabajo estresantes. La rotación de empleados en el *retail* ha aumentado, lo que significa que las tiendas tienen una fuerza laboral más inestable y menos experimentada, lo que puede afectar a la eficiencia operativa. Las tiendas se enfrentan a desafíos para encontrar nuevos empleados, lo que ha llevado a una disminución en la calidad del servicio al cliente y a una presión adicional sobre los empleados existentes.

Las empresas minoristas están siendo desafiadas a replantearse sus estrategias de recursos humanos, mejorar las condiciones laborales y brindar un entorno de trabajo más atractivo para adaptarse a las nuevas expectativas y prioridades de los empleados. Aquellas que logren ajustarse a estos cambios podrán atraer y retener mejor el talento necesario para operar con éxito en el cambiante panorama laboral del *retail*.

La experiencia del empleado es un viaje. Abarca todas las interacciones que los empleados tienen con su lugar de trabajo, desde las publicaciones de Instagram que ven antes de postularse al empleo hasta las conversaciones que tienen con colegas experimentados. Una experiencia excepcional para los empleados se produce cuando estos cuentan con más que unos pocos buenos momentos; es el resultado de interacciones frecuentes y significativas a lo largo de su paso por la empresa.

Los beneficios de una excelente experiencia para los empleados van más allá de la adquisición de talento. Los lugares de trabajo que invierten en la experiencia de sus empleados también pueden obtener dividendos a través de la mejora de la experiencia de sus clientes. El ciclo de vida de los trabajadores identifica las siete etapas principales de la experiencia de los empleados en las que los líderes deben centrarse en su estrategia de experiencia de gestión de personas. Estos momentos históricos incluyen hitos clave, como la incorporación, y aspectos continuos de la experiencia de los empleados, como las conversaciones sobre la mejora de su desempeño. En cada etapa, los líderes pueden implementar buenas prácticas específicas para mejorar las percepciones de los empleados sobre su lugar de trabajo. Las siete etapas esenciales del ciclo de vida del empleado son:

1. **Atracción:** Las personas con mucho talento están particularmente interesadas en trabajar para organizaciones con un propósito sólido y valores bien definidos, y vivirlos auténticamente.

2. **Selección:** Un proceso de selección excepcional es claro y está bien alineado con el propósito, la marca y la cultura a los que aspira la organización. Las empresas que lo hacen logran un mayor rendimiento general, incluida una productividad mayor, una menor rotación y una mayor rentabilidad.

3. **Integración:** Los empleadores deben ayudar a los empleados a socializar rápidamente en su equipo, a conectarse con el propósito y los valores de la organización y a comprender cómo aplicar sus fortalezas para lograr la excelencia.

4. **Desarrollo:** Para lograr el compromiso de los empleados es necesario mucho más que un ambiente de trabajo satisfactorio. Los empleados de hoy buscan una organización y unos líderes que se ocupen de ellos, los haga responsables y se centren en la excelencia futura y las oportunidades de crecimiento profesional.

5. **Seguimiento:** Los empleados quieren recibir feedback informal y continuo, además de reconocimiento por su excelente trabajo. Necesitan sentir que su desempeño (que refleja sus logros individuales, la colaboración en equipo y el valor para el cliente) se revisa de manera justa e integral.

6. **Crecimiento:** Los empleados esperan ver un camino a seguir dentro de su organización; oportunidades para adquirir nuevas habilidades, trabajar con gente nueva o disfrutar de una mayor autonomía. Una de las razones principales por las que la gente cambia de trabajo hoy en día es por las oportunidades de crecimiento profesional.

7. **Salida:** Dejar la organización puede ser la fase más emocional e incierta del viaje de un empleado. Cuando los empleados tienen una experiencia de salida positiva, es más probable que se conviertan en orgullosos embajadores de la marca y que fortalezcan su reputación.

Un mapa de viaje de los trabajadores permite una mejor comprensión de las experiencias de los empleados. La introducción de un mapa de trayectoria de los empleados puede ayudar a aclarar la situación al centrarse en eventos específicos y comunes a todas las personas de la empresa. En otras palabras, este mapa mide la experiencia del empleado desde que es contratado hasta que deja la empresa. Los empleadores pueden planificar actividades de aprendizaje y desarrollo y ayudar al departamento de recursos humanos y a los gerentes de la empresa a planificar con éxito actividades relacionadas con la incorporación, el aprendizaje y el desarrollo de los empleados. Los efectos de esta planificación son:

- Aumento de la satisfacción de los empleados.
- Crecimiento del nivel de compromiso.
- Caída de la tasa de rotación.
- Una cultura empresarial más positiva.

PASA A LA ACCIÓN

La técnica de la línea del tiempo es una herramienta utilizada en el *coaching* para ayudar a los clientes a visualizar y reflexionar sobre su pasado, presente y futuro de una manera estructurada. El proceso de la línea del tiempo, generalmente, sigue estos pasos:

1. Establece con la persona o el equipo el propósito de la línea del tiempo. Puede ser explorar un período concreto de la empresa, comprender cambios importantes o identificar momentos clave que han moldeado su historia.

2. Dibuja una línea horizontal que representa desde el pasado hasta el presente y proyectando hacia el futuro. Luego, identifica y coloca eventos significativos a lo largo de esta línea, como hitos importantes, logros, desafíos, cambios, dificultades, éxitos...

3. Discute cada evento en la línea del tiempo, compartiendo las emociones, pensamientos y experiencias asociadas con cada momento. Esto puede ayudar a revelar patrones, conexiones y temas recurrentes en la vida del equipo o persona.

4. Identifica los aprendizajes y lecciones importantes que se han adquirido a lo largo del tiempo. Esto puede incluir habilidades desarrolladas, valores descubiertos o cambios en la perspectiva personal.

5. Basándose en la comprensión del pasado y los aprendizajes, es-

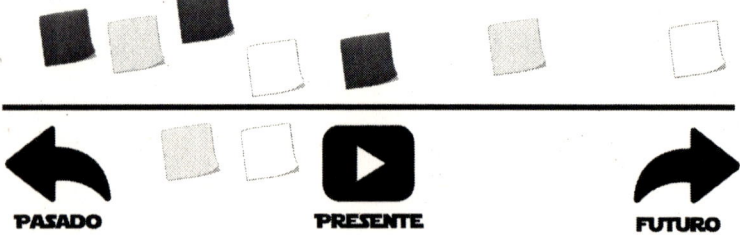

PASADO   PRESENTE   FUTURO

tablecer metas y objetivos claros para el futuro. Esto podría incluir identificar áreas de desarrollo personal, establecer nuevas direcciones profesionales, nuevos mercados, operativas...

 El Modelo J.E.D.I.

¿CÓMO LOGRAR QUE LA VENTA NOS ACOMPAÑE?

Los Jedi se adhieren a un código ético basado en la compasión, la integridad y el servicio a los demás. En ventas, esto se traduce en colocar las necesidades del cliente en el centro y operar con integridad, transparencia y respeto en todas las interacciones. Los vendedores pueden aplicar estos principios éticos al ofrecer soluciones honestas y éticas, incluso si eso significa recomendar productos que no sean los más rentables para la organización pero que sean los más adecuados para el cliente.

Los Jedi buscan constantemente mejorar sus habilidades, ya sea en combate, la conexión con la Fuerza o el conocimiento. En ventas, esto se refleja en el deseo de mejora continua. Los vendedores pueden buscar constantemente mejorar sus habilidades de comunicación, negociación, comprensión del cliente y manejo de situaciones difíciles para convertirse en maestros en su campo. Esto también se traduce en el dominio del producto, la comprensión del mercado, el conocimiento de la competencia y la capacitación constante. Los vendedores pueden aprovechar el conocimiento para influir en las decisiones de compra y ofrecer soluciones personalizadas y efectivas. Al aplicar la filosofía Jedi en un equipo de ventas, se fomenta una cultura basada en valores, mejora continua y dedicación al servicio, lo que puede conducir a relaciones más sólidas con los clientes y al éxito a largo plazo en el mundo de las ventas.

He creado el modelo *Retail* J.E.D.I como una herramienta para mejorar la ejecución de equipos de ventas basándome en cuatro áreas clave: Justificación, Empatía, Diseño e Influencia, cada una enfocada en aspectos cruciales para optimizar el desempeño de los vendedores.

- **Justificación:** Se centra en la creación del equipo y la fijación de objetivos claros y alcanzables. Implica establecer la razón de ser del equipo de ventas, identificando metas concretas y alineadas con los objetivos organizacionales. Esto implica no solo definir números o métricas de ventas, sino también comprender el propósito más amplio del equipo, cómo su trabajo contribuye a los resultados de la empresa y, también, cómo su éxito está relacionado con el éxito colectivo.

- **Empatía:** Se enfoca en entender y conocer mejor a los vendedores, así como comprender cómo desarrollan sus tareas. Esto implica escuchar activamente a los vendedores, comprender sus desafíos, necesidades y motivaciones. Al conocer sus puntos de debilidad y sus fortalezas, es posible adaptar estrategias y apoyarlos de manera más efectiva.

- **Diseño:** Orientado a crear un entorno óptimo para que los vendedores puedan desarrollar sus funciones sin barreras u obstáculos. Esto incluye proporcionar herramientas, recursos y sistemas que faciliten el trabajo del equipo de ventas. Además, se trata de eliminar obstáculos y burocracias que puedan entorpecer su labor, optimizando procesos y ofreciendo apoyo logístico necesario.

- **Influencia:** Dirigida a atraer, implicar e inspirar a los vendedores para lograr un alto rendimiento y compromiso con los objetivos establecidos. Aquí se trata de motivar a los vendedores, fomentar un ambiente colaborativo y de apoyo, y proporcionar liderazgo efectivo. Se busca inspirar a los vendedores a través de un propósito compartido y ofrecer reconocimiento y retroalimentación constructiva.

RETAIL J.E.D.I.

Realizado para:

Fecha: / /

JUSTIFICACIÓN

Juntar
¿Para qué vendemos, más allá de para ganar dinero?

Jerarquizar
¿Cómo fijamos nuestros objetivos de venta?

Journey
¿Cómo avanzamos hacia nuestros objetivos?

Juzgar
¿Cómo valoramos los progresos de los vendedores?

EMPATÍA

Entender
¿Cómo toman decisiones los vendedores?

Emocionar
¿Cómo afectan las emociones a los vendedores?

DISEÑO

Definir
¿Cómo facilitar el trabajo a los vendedores?

Dotar
¿Cómo gestionar los recursos que ayudan a mejorar la venta?

Entrenar
¿Cómo implantar hábitos que ayuden a vender?

Empoderar
¿Cómo reforzar y reconocer a los vendedores?

Desplazar
¿Cómo eliminar las barreras en el proceso de venta?

Divertir
¿Cómo hacer más divertida la tarea de vender?

INFLUENCIA

Incorporar
¿Cómo atraer al equipo a los mejores vendedores?

Integrar
¿Cómo aumentar la satisfacción de los vendedores?

Implicar
¿Cómo mejorar el compromiso de los vendedores?

Inspirar
¿Cómo compartimos nuestras mejores historias de venta?

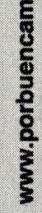

www.porbuencamino.com

PASA A LA ACCIÓN

El Retail J.E.D.I. es una herramienta versátil. Será necesario una pared grande, post-its de diferentes colores, marcadores para escribir y, lo más importante, un equipo de ventas con ideas y aportaciones. El uso de notas adhesivas facilita la colaboración y la visualización, permitiendo que todo el equipo aporte ideas de manera creativa y se genere una comprensión colectiva del modelo de negocio. Los pasos para rellenar el lienzo son:

1. Asegúrate de tener un espacio amplio y visible donde puedan colaborar todos los miembros del equipo y coloca el lienzo en el centro del espacio disponible.

2. Explica a tu equipo cada uno de los bloques del modelo: Justificación, Empatía, Diseño e Influencia.

3. Distribuye notas adhesivas y marcadores y comienza con el primero de los bloques; pide al equipo que escriba ideas, conceptos clave o insights relacionados con ese bloque en post-its individuales. Anima a ser creativos y a pensar fuera de lo convencional. Una vez que hayan escrito sus ideas, pídeles que coloquen los post-its en el bloque correspondiente. Los post-its pueden superponerse si hay ideas similares.

4. Organiza y agrupa las ideas afines. Puedes mover las notas para formar grupos temáticos o conexiones entre bloques. Fomenta la discusión en el equipo para entender mejor cada idea.

5. Revisa cada bloque, discute las ideas propuestas y fomenta preguntas y reflexiones sobre cada punto.

6. Concluye resumiendo los puntos clave y las acciones a seguir derivadas de las discusiones.

Descarga aquí tu **plantilla del Retail J.E.D.I.** y empieza a transformar a tu equipo de ventas en el mejor de la galaxia.

 **El Lado Oscuro**

¿CÓMO PIERDE SU ATRACTIVO LA PROFESIÓN DE VENDEDOR?

¿Por qué a muchas personas no les gusta vender? La aversión a vender puede tener diversas causas, ya que no a todos les resulta natural o cómodo desarrollar el proceso de venta. En algunos casos el temor a ser rechazado o enfrentar objeciones puede generar ansiedad en algunas personas en el momento de vender. La posibilidad de recibir un «no» puede ser desalentadora y afectar a la autoconfianza. Otras personas se sienten incómodas al percibir que están invadiendo el espacio personal de otros o presionándolos para comprar algo que no desean. A eso debemos sumar que no todos tienen las habilidades necesarias para comunicarse efectivamente o persuadir a otros. La falta de confianza en estas habilidades puede hacer que la venta sea un proceso estresante. Si a eso le sumamos que el vendedor no crea plenamente en el valor o la calidad del producto que vende, es más que probable que la persona se sienta incómoda al ofrecerlo a otros y tratar de venderlo.

En muchos casos existe una percepción negativa de la venta. La idea de vender a menudo se asocia con tácticas agresivas o manipuladoras que no concuerdan con los valores personales de algunas personas. Esta percepción negativa puede generar desinterés en involucrarse en actividades de venta. Para algunos, la idea de convencer a alguien para que compre algo puede resultar desagradable o poco auténtica, ya que prefieren que las decisiones de compra surjan de forma natural y sin presión. La percepción negativa de la venta puede surgir de múltiples fuentes y experiencias previas que han moldeado la forma en que algunas personas ven el proceso de venta. Si alguien ha tenido interacciones negativas con vendedores agresivos, manipuladores o poco éticos en el pasado, es probable que desarrolle una aversión hacia la venta en general. Estas experiencias pueden crear una asociación negativa con el acto de vender. Además, la imagen estereotipada del vendedor que emplea tácticas intrusivas, engañosas o manipuladoras se ha difundido en la cultura popular. Esta representación puede influir en la percepción generalizada de que la venta es un proceso deshonesto o molesto.

Muchas personas ven la venta como una imposición, donde el vendedor intenta persuadir o presionar a alguien para comprar algo que no necesariamente quiere. Esta percepción puede hacer que se sientan incómodas al participar en actividades de venta. Existe la percepción de que los vendedores están principalmente interesados en sus propias ganancias, y no tanto en satisfacer las necesidades del cliente. Esta falta de confianza en las intenciones del vendedor puede generar aversión hacia la labor comercial. La venta centrada únicamente en el cierre de una transacción puede parecerles superficial o poco auténtica.

Para superar esta percepción negativa, es importante reconocer que la venta no tiene que ser intrusiva, deshonesta o manipuladora. Los vendedores éticos y profesionales se enfocan en comprender las necesidades del cliente y ofrecer soluciones que agreguen valor genuino a su vida. Cambiar la percepción de la venta hacia un enfoque más centrado en el servicio, la autenticidad y la construcción de relaciones sólidas puede ayudar a mitigar la aversión hacia el proceso de venta.

Cuando se obliga a una persona a realizar una tarea de la que no está convencido o que no desea hacer, pueden surgir una serie de efectos y emociones negativas que pueden afectar su desempeño y bienestar emocional. La persona puede sentir resistencia y frustración ante la sensación de imposición o falta de control sobre la situación. Puede percibirse como una intrusión en su autonomía y libertad de elección. Al no sentir conexión o interés genuino en la tarea, es probable que la persona carezca de motivación intrínseca para realizarla. Esto puede llevar a una falta de compromiso y dedicación en la ejecución de la tarea. Pueden surgir sentimientos de ansiedad y estrés debido a la presión para realizar una tarea que no se alinea con los intereses o habilidades de la persona. La ansiedad puede provenir del temor a no cumplir con las expectativas o a cometer errores debido a la falta de convicción.

La sensación de estar obligado a realizar algo puede generar resentimiento hacia quien impuso la tarea o hacia la situación en general. Este resentimiento puede afectar a las relaciones interpersonales y al ambiente laboral o personal. También puede experimentar sentimientos de incompetencia o ineficacia. Esto puede afectar a su autoestima y a la confianza en sí mismo. Enfoques que involucren la motivación intrínseca, la comunicación y el entendimiento de las necesidades y capacidades individuales pueden ser más efectivos para abordar estas situaciones.

Imaginemos a Laura, una vendedora en una tienda de artículos deportivos. Siempre ha sentido pasión por la ropa deportiva de alta calidad y la tecnología aplicada al deporte. Sin embargo, la dirección de la tienda decide lanzar una línea de productos económicos que no cumplen con los estándares de calidad que Laura considera esenciales para los clientes que buscan artículos deportivos de alto rendimiento. A pesar de su desacuerdo con la nueva línea de productos, la gerencia obliga a Laura y a su equipo de ventas a promocionar y vender estos productos en la tienda. Esta situación desencadena una serie de efectos de reactancia psicológica en Laura:

- **Resistencia y frustración:** Laura se siente frustrada y molesta al verse obligada a promocionar productos que no considera beneficiosos para los clientes. Experimenta resistencia ante la imposición de vender algo de lo que no está convencida.
- **Desmotivación y falta de compromiso:** Al no sentir conexión con los productos y no creer en su calidad, Laura carece de motivación intrínseca para promocionarlos y venderlos. Esto se refleja en una falta de compromiso en su trabajo diario.
- **Ansiedad y estrés:** Laura experimenta ansiedad y estrés al intentar vender productos en los que no confía. Temores como la posibilidad de decepcionar a los clientes o de que su reputación se vea afectada debido a la baja calidad de los productos generan estrés adicional.
- **Resentimiento:** Al verse obligada a vender estos productos que van en contra de sus principios y valores profesionales, esta situación puede afectar su motivación y satisfacción laboral.

La reactancia psicológica es una respuesta emocional que surge cuando las personas sienten que su libertad de elección o acción está amenazada. En el contexto de los procesos de cambio, la reactancia puede ser un factor importante que afecta a la aceptación y a la adaptación a nuevas normas, reglas o directrices. En el caso de Laura, la reactancia psicológica surge de la obligación de vender productos en los que no cree y que van en contra de sus estándares personales y profesionales. Esto afecta a su bienestar emocional y a su desempeño laboral, lo que demuestra cómo la imposición de ciertas tareas puede generar efectos negativos en la actitud y el desempeño de un trabajador. Cuando se introduce un cambio y se percibe como una imposición o restricción a la libertad individual, es probable que las personas se opongan activamente al cambio expresando desacuerdo, negándose a seguir las nuevas normas o desafiando abiertamente las decisiones impuestas.

La reactancia puede desencadenar emociones como frustración, enojo, resistencia pasiva o resentimiento hacia el cambio o hacia quienes lo implementan. También puede hacer que las personas valoren aún más su libertad y autonomía, lo que refuerza su resistencia al cambio y su determinación para mantener esa libertad percibida. En los procesos de cambio, la reactancia psicológica puede ser un obstáculo importante. Puede llevar a la resistencia generalizada, reducir la eficacia del cambio propuesto e incluso provocar retrocesos en la implementación exitosa del cambio. Los líderes y responsables de la implementación de cambios deben considerar la posibilidad de tener que enfrentarse a la reactancia y buscar estrategias para reducirla, como las siguientes:

- **Comunicación clara y transparente:** Explicar de manera clara y detallada las razones y beneficios del cambio puede ayudar a reducir la percepción de amenaza a la libertad individual.
- **Participación:** Involucrar a las personas en el proceso de cambio, permitiéndoles aportar ideas y sugerencias, puede aumentar su sensación de control y reducir la reactancia.
- **Flexibilidad:** Proporcionar opciones y flexibilidad dentro del cambio puede permitir a las personas sentir que mantienen cierto grado de libertad de elección.
- **Comunicación persuasiva:** Utilizar mensajes que resalten los aspectos positivos del cambio y cómo beneficia a los individuos y a la organización en general puede reducir la resistencia.

Pocas palabras bastan

La ejecución es el vehículo que lleva a cabo la estrategia. Una estrategia brillante sin una ejecución efectiva puede ser inútil, al igual que una ejecución eficiente sin una estrategia sólida puede llevar a un esfuerzo sin dirección ni propósito. La combinación exitosa de ambas es esencial para lograr resultados sostenibles y significativos.

Los vendedores en el comercio minorista han experimentado una transformación notable en la forma en que prestan sus servicios, ahora están más centrados en proporcionar experiencias excepcionales. Han pasado de simplemente vender productos a ser asesores y guías para los clientes.

La economía conductual estudia cómo las personas toman decisiones en la vida real y considera que las personas a menudo toman decisiones basadas en emociones, influencias sociales, atajos mentales y sesgos, en lugar de seguir un modelo estrictamente racional y lógico.

Para atraer y retener talento, las empresas minoristas se están viendo obligadas a reconsiderar sus políticas laborales. Esto incluye ofrecer salarios más competitivos, beneficios adicionales, oportunidades de crecimiento profesional y un ambiente laboral más saludable. Los trabajadores del *retail*, al igual que en otros sectores, buscan más flexibilidad en sus horarios y un equilibrio entre su vida laboral y personal.

La reactancia psicológica es una respuesta emocional que surge cuando las personas sienten que su libertad de elección o acción está amenazada. En el contexto de los procesos de cambio, la reactancia puede ser un factor importante que afecta a la aceptación y a la adaptación a nuevas normas, reglas o directrices.

JUSTIFICACIÓN

Recuerda siempre: tu enfoque determina tu realidad.

Qui-Gon Jinn

Juntar

¿PARA QUÉ VENDEMOS, MÁS ALLÁ DE PARA GANAR DINERO?

La Expedición Imperial Transantártica, liderada por Sir Ernest Shackleton, comenzó con la salida del barco *Endurance* desde el Reino Unido en agosto de 1914. El objetivo era cruzar por tierra la Antártida de un extremo a otro a través del Polo Sur. La expedición tuvo que enfrentarse a múltiples desafíos. El *Endurance* quedó atrapado en el hielo del mar de Weddell y finalmente fue aplastado por la presión del hielo, dejando a la tripulación varada en la Antártida. Shackleton y su tripulación pasaron meses viviendo en el hielo, antes de que el barco finalmente se hundiera. A pesar de la pérdida de la nave, Shackleton mantuvo a su tripulación unida y organizada, llevándolos a campamentos improvisados a medida que se derretían los bloques de hielo. A pesar de no haber logrado el objetivo original de cruzar la Antártida, la gesta de Shackleton se convirtió en un ejemplo de liderazgo, resistencia y determinación frente a la adversidad extrema.

El anuncio original utilizado para reclutar a los marineros de la expedición es legendario por su brevedad y franqueza. Decía así:

«Se buscan hombres para un viaje peligroso. Sueldo escaso, frío extremo, largos meses de completa oscuridad, peligro constante, retorno seguro dudoso. Honor y reconocimiento en caso de éxito».

A pesar de la descripción y los riesgos mencionados, la misión de Shackleton logró atraer a muchos hombres valientes y aventureros que estaban dispuestos a enfrentar lo desconocido en busca de gloria y logros en la exploración polar. Si utilizásemos un anuncio similar para reclutar a vendedores que quieran embarcarse en un proyecto dentro del sector *retail* podría asemejarse a algo como esto:

«Buscamos vendedores apasionados y dedicados para formar parte de nuestro equipo en una tienda única. No se trata solo de vender, sino de crear experiencias extraordinarias para nuestros clientes. Si estás listo para un desafío que va más allá de lo convencional y deseas ser parte de un equipo comprometido con la excelencia, ¡te estamos buscando! Se ofrece oportunidad de crecimiento y desarrollo profesional y capacitación continua en ventas y atención al cliente».

Este anuncio trata de transmitir la emoción de unirse a algo único y desafiante, al igual que el espíritu aventurero de la expedición de Shackleton.

Sentir que el trabajo realizado por los vendedores tiene un propósito más allá de ganar dinero, contribuyendo de alguna manera al bienestar de los clientes, la empresa o la comunidad, puede hacerles sentir más comprometidos, motivados y satisfechos en su trabajo, lo que probablemente se traducirá en un mejor desempeño y resultados más positivos para la tienda. Esto podría manifestarse en la comprensión de cómo su trabajo como vendedor impacta positivamente en la vida de los clientes, ayudándoles a encontrar soluciones a sus necesidades o problemas.

En un entorno como el comercio minorista, se pueden implementar acciones basadas en el propósito para motivar a los empleados y mejorar su desempeño como involucrar a los empleados en actividades comunitarias que estén relacionadas con la marca o los valores de la tienda o asegurarse de que los vendedores entiendan cómo su trabajo contribuye al éxito general de la tienda y al bienestar de sus clientes.

La autora Lisa Earle McLeod, en su libro *Selling with noble purpose*, propone un enfoque revolucionario para las ventas. En lugar de centrarse únicamente en cerrar tratos o alcanzar metas de ventas, la autora argumenta que las empresas y los vendedores deberían enfocarse en un propósito más elevado: hacer una diferencia positiva en la vida de los clientes. El libro desafía la idea convencional de las ventas, alentando a los vendedores a adoptar un enfoque más ético y orientado hacia la contribución positiva a la vida de sus clientes, lo que, a su vez, puede impulsar el éxito empresarial.

Aplicar este modelo en equipos de *retail* implica capacitar a los trabajadores para comprender el propósito más amplio de la empresa y cómo con su desempeño contribuyen a ese propósito. Esto implica no solo vender productos, sino ayudar a los clientes a encontrar soluciones que mejoren sus vidas. Para ello es necesario crear una cultura empresarial que valore y recompense la contribución genuina a los clientes. Reconocer y celebrar historias donde los empleados hayan hecho una diferencia significativa en la vida de los clientes, más allá de solo haber realizado una venta. Se busca no solo aumentar las ventas, sino también mejorar la experiencia del cliente y construir relaciones más sólidas y duraderas que beneficien tanto a la empresa como a los consumidores.

Un concepto que me resulta especialmente útil en mi trabajo con equipos de ventas que buscan encontrar un propósito es el del Business Ikigai. Este concepto combina dos ideas clave: el concepto japonés de *ikigai* y su aplicación al mundo empresarial o de los negocios. *ikigai* es un término japonés que se refiere a la razón de ser, el propósito de la vida o lo que da significado y satisfacción a la existencia de una persona. En esencia, es la convergencia entre pasión, vocación, profesión y misión. Es decir, una razón de ser que va más allá de simplemente obtener beneficios financieros. Se busca que las empresas identifiquen y comprendan su razón más profunda para existir, lo que puede guiar su toma de decisiones estratégicas, su cultura organizacional y su forma de operar.

Un ejemplo concreto de *ikigai* aplicado al caso de un vendedor de tienda que busca su verdadero propósito como profesional podría descubrirse a través de dar respuesta a las siguientes preguntas:

- **¿Qué amas?:** A ese vendedor le apasiona interactuar con la gente, escuchar historias, resolver problemas y ofrecer soluciones a los clientes. Disfruta del contacto humano y de brindar un excelente servicio.
- **¿En qué eres bueno?:** Posee habilidades comunicativas excepcionales, capacidad para entender las necesidades de los clientes y habilidades de persuasión que lo ayudan a cerrar ventas. También tiene amplios conocimientos sobre los productos que vende.
- **¿Qué necesita el mundo de ti?:** El mundo necesita vendedores que ofrezcan experiencias personalizadas, personas que generen conexiones auténticas con los compradores, que entiendan las necesidades del cliente, mejoren su experiencia de compra y que les brinden soluciones prácticas.
- **¿Por qué podrían pagarte?:** Financieramente a través de comisiones por ventas exitosas y también podría recibir reconocimiento por su excelente servicio al cliente, generando lealtad y confianza en la tienda.

Cada vez son más numerosos los ejemplos de empresas que han basado su ventaja competitiva en torno a su propósito. Algunas de las destacadas serían:

- **Patagonia:** Empresa de ropa y equipamiento para actividades al aire libre que destaca por su compromiso con el medio ambiente. Su propósito esencial es «salvar nuestro planeta». Han creado campañas de concienciación sobre la conservación del medio ambiente y han adoptado políticas empresariales que reflejan su compromiso, como la fabricación de productos sostenibles y la donación del 1 % de sus ventas a organizaciones ambientales.

- **Tesla:** Su propósito esencial es eliminar la dependencia de los combustibles fósiles. La empresa no solo fabrica vehículos eléctricos, sino que también se involucra en la producción de baterías y soluciones de almacenamiento de energía renovable para hogares y empresas.

- **Warby Parker:** Esta compañía de lentes y gafas de sol tiene como propósito ofrecer anteojos de calidad a precios accesibles, además de tener un impacto social positivo. A través de su programa «*Buy a Pair, Give a Pair*», por cada par de lentes vendido donan otro a alguien con dificultades para obtener cuidado visual en países en desarrollo.

Un propósito definido y atractivo puede ser una herramienta poderosa en los procesos de reclutamiento de una empresa por varias razones:

1. **Atracción de talento:** Un propósito claro y significativo puede atraer a personas que comparten valores y se sienten motivadas por contribuir a una causa o visión más grande. Los candidatos que se identifican con el propósito de la empresa tienen más probabilidades de buscar oportunidades laborales en esa organización.

2. **Compromiso:** Los empleados que se alinean con el propósito de la empresa tienden a estar más comprometidos. Se sienten conectados con la misión de la empresa y ven su trabajo como algo más que simplemente cumplir con tareas diarias. Esto puede disminuir la rotación de personal, ya que se sienten parte de algo más grande y significativo.

3. **Cultura sólida:** Los empleados que comparten esa visión pueden trabajar mejor en equipo, colaborar más efectivamente y mantener un ambiente de trabajo positivo y motivador.

4. **Diferenciación:** Tener un propósito atractivo puede diferenciar a una empresa como un lugar deseado para trabajar. Puede ser un factor decisivo para los candidatos al evaluar múltiples ofertas laborales.

Otra forma de encontrar el propósito de un vendedor o de un equipo de vendedores es respondiendo a la pregunta «¿Para qué hacemos lo que hacemos, más allá de para ganar dinero?». Es importante destacar la importancia de comenzar la pregunta con «para qué», ya que eso hace que pongan el foco más en la finalidad, el propósito o los objetivos que están relacionados con una acción o situación. Estas preguntas suelen orientarse hacia el futuro y pueden fomentar la reflexión sobre el valor o el significado de una acción específica. Facilitan la planificación y el establecimiento de acciones concretas para alcanzar los objetivos.

Por su parte, las preguntas que comienzan con «por qué» tienden a indagar sobre las razones, motivaciones o causas detrás de un comportamiento o situación. Pueden ser útiles para explorar el origen de ciertos patrones de comportamiento, aunque es importante manejarlas con cuidado para evitar generar respuestas defensivas o justificaciones, especialmente si se perciben como acusatorias.

Con esta pregunta es posible descubrir un *insight*, entendido como una percepción profunda, una comprensión repentina y clara de una situación, problema o fenómeno. En términos generales, se refiere a un entendimiento que revela una verdad importante, a menudo obtenida de manera intuitiva o a través de un proceso de reflexión que conduce a una nueva comprensión o solución a un problema. Un *insight* para un vendedor de tienda que busca comprender su verdadero propósito en su trabajo podría ser:

«Mi verdadero propósito como vendedor va más allá de simplemente vender productos. Mi labor es conectar con las personas, entender sus necesidades y ofrecer soluciones que mejoren sus vidas. No se trata solo de transacciones, sino de construir relaciones significativas y ser un facilitador para que los clientes encuentren lo que realmente están buscando».

Este *insight* revela una comprensión más profunda del papel del vendedor, yendo más allá de las ventas para centrarse en la conexión humana, la empatía y el impacto positivo en la vida de los clientes.

PASA A LA ACCIÓN

Podemos estructurar una dinámica participativa que permita a los vendedores reflexionar sobre sus objetivos, identificar sus motivaciones y reconocer los obstáculos que podrían enfrentar en su camino hacia el éxito profesional. Para ello, simplemente, necesitas hojas de papel y bolígrafos o marcadores y seguir las siguientes indicaciones:

1. Pide a cada vendedor que escriba su objetivo profesional principal en la parte superior de una hoja de papel. El objetivo debe ser específico y relacionado con su desempeño como vendedor (qué quiero).

2. Una vez que todos hayan definido su objetivo, pide a cada persona que reflexione sobre las razones y motivaciones personales detrás de ese objetivo (para).

3. Luego, invita a los participantes a considerar los posibles obstáculos o desafíos que podrían encontrar en el camino para lograr su objetivo. En la misma hoja de papel, debajo de las motivaciones, pide que identifiquen los obstáculos potenciales que podrían enfrentar (pero).

4. Una vez que todos hayan completado sus hojas, cada persona puede explicar su objetivo, sus motivaciones y los posibles obstáculos que ha identificado.

5. Facilita una discusión grupal sobre los patrones comunes, las motivaciones compartidas y los obstáculos identificados. Anima a los vendedores a ofrecer consejos o soluciones para superar los obstáculos mencionados.

6. Finaliza la dinámica alentando a los vendedores a comprometerse con acciones concretas para superar los obstáculos.

INSIGHT

QUÉ QUIERO
Mi objetivo es ...

PARA
Mi motivación para alcanzar el objetivo es ...

PERO
Los obstáculos que debo sortear para lograr mi objetivo son ...

 **Jerarquizar**

¿CÓMO FIJAMOS NUESTROS OBJETIVOS DE VENTA?

El término «*pensamiento moonshot*» proviene del famoso objetivo de llevar a un ser humano a la Luna durante la década de 1960 (el *Proyecto Apolo*), establecido por John F. Kennedy. Se refiere a fijar metas audaces, desafiantes e innovadoras que parecen casi imposibles de lograr, al menos en el corto plazo. Este pensamiento impulsa a buscar soluciones creativas y revolucionarias para alcanzar los objetivos. Requiere pensar de manera no convencional, explorar nuevas tecnologías, enfoques o métodos que puedan cambiar radicalmente la forma en que se abordan los problemas. Los *moonshots* no solo buscan un logro extraordinario, sino que también tienen el potencial de generar un impacto transformador en la sociedad, la industria o el mundo en general.

El famoso discurso de John F. Kennedy en la Universidad de Rice el 12 de septiembre de 1962 es conocido por la fuerza con la que transmitió el objetivo de llevar a un hombre a la Luna antes de que finalizara la década de 1960. Un discurso similar en boca de un director de ventas, de un responsable de zona en una cadena *retail* o de un responsable de una tienda podría ser:

«Creo firmemente que nuestra misión como equipo de ventas va más allá de los números y las metas trimestrales. Nuestra meta es desafiarnos a nosotros mismos, superar límites y alcanzar logros que parezcan imposibles.

Creo que debemos comprometernos con un objetivo ambicioso: ser el equipo de ventas más eficiente y efectivo en el sector. No se trata solo de cerrar ventas, sino de construir relaciones duraderas con nuestros clientes, ofreciendo soluciones que cambien sus vidas y los hagan regresar a nosotros una y otra vez.

Ninguna meta es demasiado grande cuando trabajamos juntos con determinación y habilidad. Nuestra capacidad para lograr nuestras metas no solo demuestra nuestra destreza como vendedores, sino también nuestra voluntad de triunfar en cualquier desafío que se nos presente».

Este *moonshot* no solo desafía al equipo de ventas a aumentar las ventas, sino que también los motiva a liderar un cambio significativo hacia prácticas más sostenibles y éticas.

Los **objetivos** en una empresa representan la esencia de nuestro propósito, respondiendo al «para qué» de nuestro trabajo. Están intrínsecamente alineados con nuestro ser, con lo que valoramos y perseguimos como organización. Es por esto por lo que vienen expresados con palabras, reflejando la visión que queremos lograr.

Por otro lado, los **indicadores** actúan como señales en el camino hacia esos objetivos. Son fórmulas que nos proporcionan información valiosa sobre si nos estamos acercando o alejando de nuestras metas. Estos indicadores, expresados en números, nos permiten medir y evaluar nuestro progreso, dándonos claridad sobre la eficacia de nuestras acciones.

Las **metas** de estos indicadores, siendo expresadas en cifras, nos ofrecen una brújula numérica para evaluar nuestro avance hacia el logro de nuestros objetivos. Son hitos que nos permiten ajustar nuestro recorrido y tomar medidas correctivas cuando sea necesario, manteniéndonos enfocados en el camino correcto.

Finalmente, las acciones son los pasos concretos que debemos seguir para alcanzar nuestros objetivos. Se expresan a través de verbos, ya que representan la actividad y el movimiento necesario para ejecutar nuestros planes. Son la esencia misma de lo que debemos hacer para avanzar hacia el cumplimiento de nuestras metas, siendo la base de nuestro progreso y éxito.

Imaginemos que el objetivo de un equipo de ventas es «Convertirnos en referentes locales en moda sostenible». Este objetivo responde al para qué de su labor, reflejando la visión de ser líderes en la promoción de la moda sostenible en su comunidad.

Para evaluar su progreso hacia este objetivo, emplean indicadores clave como el porcentaje de ventas de prendas sostenibles respecto al total de ventas. Esta métrica, expresada en números, aporta claridad sobre si se están acercando o alejando de su meta, que podría ser alcanzar un 5% de las ventas totales en prendas sostenibles antes del final del presente año.

Las acciones, representadas por verbos, fijan el camino hacia el logro del objetivo. Entre ellas están concienciar a sus clientes sobre la importancia de la moda sostenible o colaborar con marcas sostenibles para ampliar su oferta. Estas acciones son las piezas clave para acercarse a la consecución de su meta de ventas sostenibles, reflejando la actividad necesaria para alcanzar el propósito como empresa de venta de moda sostenible.

La ley del orden ser-hacer-tener es un concepto clave en el mundo del desarrollo personal que propone un enfoque secuencial para lograr cambios y alcanzar metas:

1. **Ser:** Se refiere a quién eres, tu identidad, valores y creencias fundamentales. Implica una reflexión sobre tu ser interior, tu autenticidad y tu conexión con tu propósito o visión de vida.

2. **Hacer:** Esta etapa implica las acciones y comportamientos que emprendes en función de quién eres. Estas acciones están alineadas con tus valores, creencias y metas personales o profesionales. Aquí es donde pones en práctica tu identidad en tu día a día.

3. **Tener:** Es la consecuencia natural de los dos pasos ante-riores. Refleja los resultados tangibles que se derivan de tu identidad y tus acciones alineadas con esa identidad. Esto puede manifestarse en logros, bienestar, relaciones satis-factorias, éxito profesional, etc.

Esta ley implica que, para lograr cambios significativos y soste-nibles, es esencial comenzar desde dentro hacia afuera. Es decir, primero clarificar quién eres (ser), luego tomar acciones coheren-tes con esa identidad (hacer) y finalmente cosechar los resultados o logros (tener). Al aplicar la ley del orden ser-hacer-tener, en el caso de los vendedores hace que estos se alineen con su iden-tidad, realicen acciones consistentes con esa identidad y, final-mente, cosechen los resultados que surgen de esa autenticidad y enfoque. Esto puede generar una mayor satisfacción laboral, un desempeño más efectivo y una conexión más profunda con su rol como vendedores.

Para un vendedor de tienda, la ley podría aplicarse de la si-guiente manera:

1. El vendedor podría reflexionar sobre quién es en el contexto de su trabajo. Esto implica identificar sus valores, fortalezas, habilidades y actitudes. ¿Es empático? ¿Se enfoca en brindar un excelente servicio al cliente? ¿Es conocedor de los pro-ductos que vende? Esta etapa es crucial para establecer su identidad como vendedor y para definir su enfoque y actitud hacia el trabajo.

1. Una vez que el vendedor tiene claridad sobre quién es en su rol, puede pasar a las acciones concretas que están ali-neadas con esa identidad. Esto implica brindar un servicio excepcional al cliente, comprender sus necesidades, ofrecer soluciones relevantes y construir relaciones sólidas con los

clientes. Además, implica mantenerse actualizado sobre los productos y estrategias de ventas efectivas.

1. Los resultados tangibles (ventas, satisfacción del cliente, reconocimiento, comisiones, etc.) son la consecuencia de ser un vendedor auténtico y comprometido con su identidad y sus acciones. Al enfocarse en su identidad y desempeñarse de manera coherente con ella, el vendedor puede cosechar los frutos de su trabajo, como el éxito en las ventas, la fidelización de clientes y un entorno laboral más satisfactorio.

Centrarse primero en el tener y hacerlo antes que en el ser implica una perspectiva más orientada a los resultados tangibles, a la consecución de metas materiales o externas sin necesariamente considerar quién eres internamente. Este enfoque:

- Se centra en la adquisición de bienes materiales, logros externos, reconocimiento social o cualquier resultado visible.
- Puede llevar a una búsqueda constante de más cosas, basando la felicidad o el éxito en la acumulación de objetos o logros, sin una base sólida en la identidad personal.
- No necesariamente satisface las necesidades internas de significado, propósito o autenticidad.

En contraste, enfocarse en el ser en primer lugar implica:

- Reflexionar sobre tu identidad, valores, creencias y propósito.
- Basar tus acciones y metas en quién eres internamente, lo que te lleva a alinear tus acciones con tu autenticidad y propósito.
- Buscar la realización personal y la satisfacción interna antes que perseguir exclusivamente logros externos.

Si bien ambos enfoques pueden coexistir, dar prioridad al ser sobre el tener generalmente lleva a una mayor satisfacción personal y a una sensación de logro más profundo y duradero. Alinearte con tu verdadera identidad y valores internos puede conducir a un mayor sentido de plenitud, mientras que el enfoque exclusivo en el tener puede no satisfacer las necesidades internas más profundas de una persona.

En muchas ocasiones no resulta fácil llegar a fijar objetivos bien definidos con las personas que forman parte de un equipo de ventas y es necesaria una labor de acompañamiento e indagación que ayude al vendedor a clarificar lo que quiere ser, lo que necesita hacer para lograrlo y los resultados finales esperados. Una conversación de este tipo podría ser algo parecido a la siguiente:

Irene (Area manager): Hola Julián, ¿cómo estás hoy?

Julián (Vendedor): Hola Irene, gracias por preguntar. Estoy bien, aunque un poco preocupado por mi rendimiento últimamente.

Irene: Comprendo, Julián ¿Podrías contarme un poco más sobre cómo te ha ido esta semana en cuanto a tus ventas? ¿Qué estás viendo en tu día a día?

Julián: He estado enfrentando algunos desafíos con ciertos clientes. Siento que necesito mejorar mi enfoque al abordar ciertos aspectos de la venta.

Irene: Entiendo, es importante identificar esas áreas de mejora. ¿Qué te gustaría lograr en el próximo período en términos de resultados de ventas?

Julián: Me encantaría aumentar mis ventas mensuales en un 20%. Sé que es un objetivo ambicioso, pero creo que con las estrategias adecuadas puedo lograrlo.

Irene: Eso suena genial, Julián. Para alcanzar ese objetivo, ¿qué tipo de apoyo o recursos crees que necesitas?

JUSTIFICACIÓN

Julián: Creo que me vendría bien un repaso de las estrategias de cierre de ventas. Además, me gustaría aprender a enfrentar mejor las objeciones de los clientes.

Irene: Entendido, definitivamente puedo organizar una sesión de formación específica para ti. Además, ¿hay algo más en lo que creas que te podría ayudar o te gustaría discutir?

Julián: Bueno, también he tenido problemas para administrar mi tiempo de manera efectiva. Quizás algunas sugerencias sobre cómo priorizar mejor.

Irene: Claro, podemos implantar herramientas de gestión del tiempo que te ayuden a planificar y priorizar las tareas. Julián, ¿qué te llevas de nuestra conversación hoy? ¿Sientes que hemos identificado soluciones y un plan de acción para alcanzar tus metas?

Julián: Sí, me siento más seguro con las soluciones propuestas. Tengo un plan más claro sobre lo que debo hacer para mejorar.

Irene: Excelente, Julián. Estaré al tanto de tu progreso y coordinaremos un seguimiento en dos semanas para ver cómo vas con la implementación de estas mejoras. ¡Juntos lograremos esos objetivos!

En este ejemplo de conversación entre Julián y Irene, ambos han llegado a una comprensión más profunda de las preocupaciones y necesidades del vendedor y su responsable puede brindar apoyo y soluciones concretas para mejorar el desempeño y los resultados en ventas.

PASA A LA ACCIÓN

El Daruma es una figura tradicional japonesa que representa al monje budista Bodhidharma, fundador del Zen.

Cuando se adquiere, ambas pupilas están en blanco. Se utiliza como una herramienta para fijar metas u objetivos. Cuando una persona establece un objetivo, pinta una de las pupilas del Daruma. La otra se pinta una vez que se logra la meta. El Daruma, al mantener una mirada constante, simboliza el enfoque y la determinación para alcanzar el objetivo. Su presencia visible actúa como un recordatorio constante del objetivo establecido hasta que se logre. Aquí tienes un plan paso a paso para la fijación de objetivos de ventas utilizando el concepto del Daruma:

1. Comparte la idea de que, al fijar metas, se pinta un ojo del Daruma, y al lograr la meta, se pinta el otro ojo.

2. Invita al equipo a reflexionar sobre sus metas de ventas individuales y grupales. Anímalos a pensar en objetivos desafiantes pero alcanzables.

3. Invita a cada miembro del equipo a compartir sus objetivos de ventas. Anímalos a explicar por qué eligieron esa meta y cómo planean alcanzarla.

4. Cada persona debe escribir o dibujar su objetivo en su Daruma. Este paso simboliza su compromiso y enfoque en esa meta.

5. En grupos o de forma individual, pide al equipo que elabore un plan de acción detallado para alcanzar sus objetivos.

6. Invita a cada persona a compartir un resumen de su plan de acción.

JUSTIFICACIÓN

 **Journey**

¿CÓMO AVANZAMOS HACIA NUESTROS OBJETIVOS?

Los objetivos no son solo el destino final, son como paradas emocionantes a lo largo de un viaje. Lo más importante es cómo llegamos allí, qué hacemos en el camino y lo que aprendemos a medida que avanzamos. Cada persona es como un explorador con habilidades increíbles. Su experiencia, sus ideas y su energía son las herramientas que lleva en la mochila. No se trata solo de alcanzar los objetivos, sino de cómo nos movemos hacia ellos. Cada paso nos enseña algo nuevo, nos hace más fuertes y nos ayuda a crecer.

El enfoque centrado en soluciones es una técnica que se basa en identificar y construir soluciones más que en analizar problemas. Funciona al buscar lo que marcha bien y cómo replicarlo en lugar de enfocarse en lo que está mal. Se basa en la idea de que las soluciones pueden surgir al examinar excepciones a los problemas y amplificar esas situaciones exitosas para generar cambios positivos. Surgió en la década de 1980 principalmente a través del trabajo de Steve de Shazer e Insoo Kim Berg en el Centro de Terapia Familiar de Milwaukee.

El enfoque centrado en soluciones difiere del centrado en problemas en varios aspectos. El centrado en problemas se enfoca en analizar el pasado y entender las causas del problema. Se concentra en lo que está mal, analizando las causas y efectos del problema. Se utilizan preguntas orientadas a entender el problema, sus causas y su impacto y busca resolver el problema mediante la identificación y tratamiento de sus causas. Por su parte, el centrado en soluciones se orienta hacia el futuro, buscando definir y lograr metas deseadas. Se fija en lo que está funcionando bien y cómo replicarlo, identificando excepciones al problema. Utiliza preguntas que exploran posibles soluciones, recursos y situaciones exitosas y busca el cambio y el progreso a través de la identificación y aplicación de soluciones y fortalezas existentes.

Un ejemplo del primer enfoque sería el de un vendedor que reflexiona sobre las posibles razones por las que no alcanzó sus objetivos de ventas el mes pasado. Podría analizar factores como la disminución del tráfico de clientes en la tienda, la falta de promociones atractivas o incluso la calidad de los productos ofrecidos. También podría centrarse en identificar qué ha estado fallando y buscar soluciones basadas en corregir esas deficiencias pasadas. Poniendo el foco en las soluciones, en cambio, el vendedor podría comenzar por identificar momentos en el último mes en los que logró realizar una venta exitosa. Podría explorar qué estrategias, interacciones o productos condujeron a esas ventas exitosas. A partir de estos casos de éxito, podría plantearse acciones como replicar esas estrategias exitosas, mejorar la visibilidad de ciertos productos o incluso desarrollar nuevas ideas basadas en lo que funcionó bien anteriormente. Este enfoque se centraría en amplificar lo que ya está funcionando y aplicarlo para mejorar las ventas en el próximo periodo.

El enfoque centrado en soluciones se apoya en varios elementos clave:

- **Orientación al futuro:** Se enfoca en definir metas claras y específicas que el cliente desea alcanzar en lugar de analizar el pasado.
- **Preguntas poderosas:** Se utilizan preguntas que guían al cliente hacia soluciones potenciales en lugar de centrarse en los problemas.

JUSTIFICACIÓN

- **Enfoque en fortalezas y recursos:** Se identifican y amplifican los recursos y fortalezas del cliente para aplicarlos en la consecución de sus objetivos.
- **Exploración de excepciones:** Se busca identificar momentos en los que el problema no ocurrió o se mitigó para entender qué elementos contribuyeron a esa situación.

Estos elementos se combinan para impulsar el cambio y el crecimiento del cliente, centrándose en las soluciones y los recursos disponibles en lugar de los problemas o limitaciones.

Veamos una conversación orientada a la mejora de resultados y fijación de objetivos y plan de acción, utilizando todas las herramientas que nos ofrece este enfoque, entre Nuria, directora comercial de una cadena de moda líder en su sector, y Joan, responsable de una de las tiendas de su zona, con 15 años de experiencia en ventas, apasionado por el mundo de la moda y comprometido con su equipo que busca mejorar los resultados de ventas y elevar el desempeño de su tienda. Tras una fuerte disminución de las ventas en su tienda en el último mes, busca desesperadamente estrategias efectivas para revitalizar las ventas y alcanzar nuevos logros.

Nuria: Joan, me alegra que hayas podido venir hoy. Estaba revisando los informes y noté que las ventas en tu tienda han tenido un ligero descenso el último mes. ¿Qué crees que ha estado sucediendo?

Joan: Sí, Nuria. He estado analizando los datos y parece que estamos enfrentando algunos desafíos en términos de conversión de ventas. He intentado algunas estrategias, pero siento que necesitamos un enfoque renovado para superar esto.

Nuria: Entiendo. La situación es un desafío, pero también veo una oportunidad para hacer brillar tu tienda. Quiero trabajar contigo para establecer nuevos objetivos y estrategias que no solo revitalicen las ventas, sino que también eleven la experiencia del cliente. ¿Qué piensas?

Joan: Me encantaría. Sinceramente, me vendría bien tu orientación estratégica en este momento.

Nuria: Joan, me gustaría que te tomes un momento para imaginar algo. Supongamos que, de manera mágica, mientras duermes esta noche, ocurre un verdadero milagro. Mañana, cuando despiertes, te das cuenta de que la caída en las ventas del último mes se ha revertido por completo y las ventas han aumentado más allá de tus expectativas. ¿Cómo te das cuenta de que algo ha cambiado? ¿Qué ves o sientes diferente en tu día a día laboral? ¿Cómo te afecta esto de manera positiva? [Pregunta milagro]

Joan: Bueno, creo que notaría más clientes entrando a la tienda. Además, sentiría una sensación de alivio y satisfacción al ver que las ventas han repuntado. Probablemente me sentiría más motivado y enfocado en mi trabajo, sabiendo que estamos logrando resultados excepcionales.

Nuria: Entiendo, eso suena muy alentador. ¿Qué acciones específicas crees que podrían conducir a este escenario ideal? ¿Hay algo que puedas identificar en tu trabajo diario que podría contribuir a lograr este cambio positivo?

Joan: Creo que podría ser útil ampliar la promoción de ciertos productos que históricamente han sido los más vendidos entre nuestros clientes. Además, podríamos implementar una estrategia para aumentar la interacción con los clientes cuando estén en la tienda, brindándoles información detallada sobre esos productos.

Nuria: Eso suena como un gran plan. ¿Cómo podrías comenzar a implementar estas ideas para acercarte más a ese escenario ideal que has descrito?

JUSTIFICACIÓN

Joan: Podría reunirme con el equipo para discutir estas estrategias y asignar responsabilidades específicas para su ejecución.

Nuria: Genial, vamos a trabajar juntos para implementar estas ideas y acercarnos más a esa visión positiva que has descrito. Joan, en nuestra búsqueda de soluciones para mejorar las ventas, me gustaría que reflexionemos sobre tus habilidades y recursos que podríamos aprovechar. ¿Qué habilidades específicas o conocimientos has desarrollado durante tus 15 años de experiencia en ventas que podrían ser útiles para enfrentar esta situación actual? [Identificar recursos y fortalezas]

Joan: Creo que mi capacidad para identificar las preferencias de los clientes y mi habilidad para establecer relaciones sólidas con ellos han sido fundamentales en el pasado para lograr ventas exitosas.

Nuria: Eso suena realmente valioso. ¿Puedes proporcionarme un ejemplo concreto en el que utilizaras estas habilidades para cerrar una venta exitosa?

Joan: Claro, recuerdo un cliente que estaba indeciso. Utilicé mi habilidad para entender sus necesidades específicas y le proporcioné recomendaciones personalizadas que finalmente lo convencieron de realizar la compra.

Nuria: Excelente. Además de tus habilidades en la identificación de preferencias y construcción de relaciones, ¿hay algún recurso adicional que puedas aprovechar para mejorar las ventas?

Joan: Sí, podríamos trabajar más de cerca con nuestro proveedor de calzado. Tienen una gama única que atrae a muchos clientes, y podría ser una oportunidad para aumentar las ventas.

La conversación continúa mientras Nuria y Joan colaboran para establecer objetivos claros y estrategias para impulsar las ventas.

Nuria: Joan, en nuestra búsqueda de soluciones para mejorar las ventas, me gustaría que pensemos en momentos específicos en los que lograste ventas excepcionales o superaste desafíos similares en el pasado. ¿Puedes recordar algún período o situaciones en los que las ventas hayan sido notoriamente mejores o cuando superaste un período de ventas más bajo? [Exploración de excepciones]

Joan: Sí, recuerdo un mes hace un par de años donde las ventas fueron realmente altas. Fue cuando introdujimos una nueva línea de ropa deportiva que atrajo el interés de los clientes.

Nuria: Entendido. ¿Hay algo específico que hiciste o alguna estrategia que implementaste durante ese período que crees que podríamos aplicar nuevamente para impulsar las ventas en el presente?

Joan: Creo que podríamos explorar la posibilidad de introducir una nueva línea de productos exclusivos nuevamente y ejecutar una estrategia de marketing similar para destacarlos.

Nuria: Esa es una idea sólida. ¿Qué pasos podríamos tomar para implementar esta estrategia en el corto plazo?

Después de trabajar con las preguntas del enfoque centrado en soluciones, el siguiente paso sería diseñar un plan de acción concreto y alcanzable basado en las ideas, reflexiones y soluciones identificadas durante la exploración. Estas serían las etapas en el diseño de este plan:

1. **Identificación de soluciones** clave utilizando las respuestas a las preguntas poderosas, que identificarán las soluciones más relevantes y viables.

2. **Selección de las soluciones más efectivas y realistas** para abordar el problema o alcanzar el objetivo.

3. **Definición de objetivos específicos y medibles** que se alineen con las soluciones identificadas.

4. **Diseño de estrategias y tácticas concretas** para implementar las soluciones. Esto puede incluir asignación de roles, cronogramas y recursos necesarios.

5. **División del plan en pasos más pequeños y manejables** para facilitar la implementación y el seguimiento.

6. **Asignación de responsabilidades** para cada paso del plan de acción.

7. **Establecimiento de métricas de seguimiento** definiendo los indicadores clave para controlar el progreso y evaluar el éxito del plan.

8. **Revisión y ajuste del plan** según sea necesario para asegurar su cumplimiento y efectividad.

Esta reunión marca el comienzo de una colaboración estratégica entre Nuria y Joan, centrada en objetivos claros y soluciones innovadoras para impulsar el rendimiento de la tienda y brindar una experiencia de compra excepcional a los clientes. El enfoque centrado en soluciones se basa en la acción y la adaptabilidad, por lo que estar abierto a ajustes según surjan nuevas ideas o circunstancias es clave para su éxito.

PASA A LA ACCIÓN

¿Cómo llevar a cabo un taller enfocado en la confianza en la consecución de los objetivos de ventas? Necesitamos identificar y abordar los obstáculos que afectan a la confianza del equipo en la consecución de los objetivos y, también, promover una mayor transparencia y compromiso para lograr los objetivos de ventas establecidos. Podrías seguir estos pasos:

1. Asegúrate de tener claros y comunicados los objetivos específicos que el equipo de ventas está tratando de lograr.

2. Pide al equipo que evalúe en una escala del 1 al 10 su nivel de confianza en la consecución de los objetivos, considerando los datos y el progreso hasta la fecha.

3. Fomenta una discusión abierta sobre por qué la confianza ha aumentado o disminuido desde la evaluación inicial.

4. Pide al equipo que identifique los obstáculos o desafíos que han afectado la confianza en la consecución de los objetivos. Anima a expresar posibles soluciones o acciones para superar estos obstáculos.

5. Basado en la discusión, guía al equipo para establecer acciones concretas y medidas correctivas para abordar los obstáculos identificados y aumentar la confianza en la consecución de los objetivos

6. Finaliza el taller con un compromiso claro por parte del equipo para implementar las acciones acordadas. Si es necesario, ajusta las estrategias y acciones para mantener o aumentar la confianza en la consecución de los objetivos.

 **Juzgar**

¿CÓMO VALORAMOS LOS PROGRESOS DE LOS VENDEDORES?

Imagina que tienes en tu equipo de ventas dos vendedores. El primero suele justificar la falta de ventas por factores externos, como la ubicación de la tienda, la economía, la competencia, etc. En lugar de buscar soluciones o mejorar sus habilidades de venta, se queja constantemente de las circunstancias y se siente desanimado, creyendo que no puede hacer mucho para cambiar la situación. Cuando recibe respuesta negativa de un cliente, este vendedor podría culpar al cliente por no entender la calidad del producto o por ser exigente, en lugar de reflexionar sobre cómo mejorar su enfoque de ventas para satisfacer mejor las necesidades del cliente.

Por su parte, el segundo vendedor, a pesar de enfrentar desafíos como un descenso en las ventas, busca maneras de mejorar su rendimiento. Puede implementar estrategias nuevas de venta, buscar capacitación adicional o colaborar con colegas para compartir técnicas exitosas. Frente al *feedback* de un cliente insatisfecho, este vendedor reflexiona sobre su enfoque de ventas y se esfuerza por comprender las necesidades del cliente. Toma medidas para mejorar su interacción con clientes similares en el futuro, aprendiendo de la experiencia para ofrecer un mejor servicio.

En el mundo del *coaching*, la distinción entre «víctima» y «responsable» se centra en la actitud y la mentalidad adoptada frente a las circunstancias de la vida. Una persona con mentalidad de víctima tiende a atribuir sus problemas, desafíos o dificultades a factores externos o a otras personas. Suelen sentir que no tienen control sobre lo que les sucede y pueden adoptar una postura pasiva, culpar a otros o a las circunstancias por sus problemas, sin asumir responsabilidad por su propia situación. Esta mentalidad puede limitar su capacidad para tomar medidas y buscar soluciones. Por otro lado, alguien con una mentalidad responsable asume la responsabilidad de su vida, decisiones y acciones. Estas personas reconocen que tienen el poder de influir en sus circunstancias y están dispuestas a tomar medidas para mejorar su situación. Buscan soluciones, aprendizajes y crecimiento personal a partir de sus experiencias, en lugar de culpar a factores externos.

Transformar a un vendedor con mentalidad victimista en uno responsable implica un cambio de modelo mental y trabajar en varios aspectos:

- **El primer paso es crear conciencia sobre la mentalidad actual y su impacto en el rendimiento.** Esto podría lograrse a través de *feedback*, sesiones de *coaching* o ejercicios de reflexión personal para que el vendedor reconozca cómo su mentalidad puede estar limitando su éxito.

- **Ayudar al vendedor a reconocer que tiene el poder de influir en su éxito.** Esto implica aceptar la responsabilidad por su situación actual y entender que, aunque existan desafíos externos, hay acciones que puede tomar para mejorar.

- **Fomentar un cambio en la forma de ver los desafíos.** En lugar de verlos como obstáculos insuperables, animarlo a verlos como oportunidades para crecer y mejorar. Esto podría lograrse mediante la introducción de estrategias de resolución de problemas y la valoración del aprendizaje en situaciones difíciles.

- **Proporcionar recursos y capacitación para mejorar las habilidades de ventas.** Esto podría incluir talleres, entrenamientos específicos, o la identificación de áreas de mejora y la dedicación de tiempo y esfuerzo para desarrollarlas.

- **Inspirar al vendedor a adoptar una mentalidad de crecimiento**, mostrándole ejemplos de éxito basados en la mejora continua, el aprendizaje y la adaptabilidad. Reconocer y celebrar los avances y los logros, incluso los pequeños, para reforzar esta mentalidad.

Transformar la mentalidad de un vendedor puede ser un proceso gradual que requiere tiempo, esfuerzo y apoyo continuo, pero con el enfoque adecuado y el compromiso, es posible lograr cambios significativos.

Los conceptos de mentalidad de crecimiento y mentalidad fija provienen del libro *Mindset: The New Psychology of Success*, de Carol Dweck. En su libro, Dweck explora la idea central de que la forma en que percibimos nuestras habilidades y talentos puede influir profundamente en nuestro éxito y desarrollo personal. Esta autora describe cómo una mentalidad de crecimiento, donde se cree que las habilidades se pueden desarrollar a través del esfuerzo y la práctica, conduce a una mayor resiliencia, perseverancia y éxito a largo plazo. Por otro lado, una mentalidad fija, donde se piensa que las habilidades son estáticas y no cambian mucho, puede llevar a evitar desafíos por miedo al fracaso o a sentirse amenazado por la crítica. En el libro, Dweck presenta ejemplos y estudios que demuestran cómo estas dos mentalidades afectan el rendimiento académico, laboral, deportivo y personal, y ofrece consejos sobre cómo cultivar una mentalidad de crecimiento para alcanzar el máximo potencial.

Un vendedor con mentalidad de crecimiento ve cada interacción como una oportunidad para aprender. Cuando enfrenta un desafío, como un cliente difícil o un bajo rendimiento de ventas, ve la situación como una posibilidad de mejorar. Escucha activamente a los clientes, busca constantemente formas de mejorar sus habilidades de venta y no se desanima por los obstáculos. Cuando las ventas son bajas, piensa en estrategias nuevas para abordar diferentes tipos de clientes y está dispuesto a recibir retroalimentación para mejorar su desempeño.

Un vendedor con mentalidad fija cree que sus habilidades de venta son fijas y no cambian. Cuando se enfrenta a un cliente difícil o a un descenso en las ventas, puede sentirse frustrado o desanimado, pensando que no puede hacer mucho al respecto. Podría expresar falta de interés en aprender nuevas técnicas de venta o considerar que los problemas son ajenos a sus capacidades, atribuyendo la responsabilidad a factores externos en lugar de buscar maneras de mejorar sus habilidades de venta.

En el ámbito laboral, Carol Dweck ofrece varios ejemplos para ilustrar la diferencia entre una mentalidad de crecimiento y una mentalidad fija:

- Los empleados con mentalidad de crecimiento tienden a ver los desafíos laborales como oportunidades para aprender y crecer. Están dispuestos a enfrentar tareas difíciles y a adquirir nuevas habilidades para superar obstáculos. Por otro lado, aquellos con mentalidad fija pueden evitar desafíos, temiendo el fracaso o viendo cualquier crítica como una amenaza a sus habilidades.

- Las personas con mentalidad de crecimiento suelen valorar la retroalimentación como una herramienta para mejorar. Aprecian los comentarios constructivos y están dispuestas a modificar su enfoque para mejorar su desempeño. Por el contrario, aquellas con mentalidad fija pueden tomar la retroalimentación como un ataque personal o como una confirmación de sus limitaciones, lo que las lleva a evitarla o a resistirse a aceptarla.

JUSTIFICACIÓN

- Los empleados con mentalidad de crecimiento tienden a progresar y desarrollarse profesionalmente con el tiempo, ya que están abiertos a aprender, asumir nuevos desafíos y desarrollar nuevas habilidades. Aquellos con mentalidad fija pueden estancarse, sintiendo que no necesitan mejorar o cambiar, lo que puede limitar su progreso profesional.

Estos ejemplos ilustran cómo la mentalidad de crecimiento puede ser beneficiosa en el entorno laboral, fomentando la resiliencia, la adaptabilidad y el crecimiento personal y profesional continuo.

En el entorno empresarial actual, la evaluación de empleados ha tendido a enfocarse en la obtención de resultados tangibles, olvidando que el proceso de aprendizaje y crecimiento es fundamental para el desarrollo individual y colectivo en una organización. Análogamente al proceso educativo, la valoración de empleados puede equipararse con los conceptos de «estudiar», «aprender» y «aprobar». Estudiar implica la dedicación y la acción, el esfuerzo por adquirir conocimientos y habilidades. Del mismo modo, en el ámbito laboral, esto se refleja en el compromiso, la dedicación y la ejecución de tareas y responsabilidades con diligencia y precisión. El paso final, aprobar, es el resultado visible y medible de los procesos previos. Es el punto en el que se evalúa el desempeño basado en los logros alcanzados. No obstante, enfocarse únicamente en el resultado final podría pasar por alto aspectos cruciales del proceso, como el esfuerzo, el compromiso, la mejora continua y la capacidad de adaptación.

En el dinámico mundo del *retail*, la evaluación de empleados se ha centrado principalmente en la obtención de métricas de rendimiento cuantificables, como el incremento de las unidades por transacción (UPT) y el promedio por transacción (Tme). Sin embargo, equiparar el éxito únicamente con estas cifras pasa por alto la importancia crucial de las actividades que enriquecen la experiencia del cliente, algo análogo a los conceptos de «estudiar» y «aprobar» en el contexto laboral.

Para un vendedor de tienda de moda, aprobar puede traducirse en mejorar los indicadores clave de rendimiento (KPIs) de ventas, alcanzando ciertos objetivos cuantificables. Estos logros son esenciales para medir el rendimiento, pero enfocarse únicamente en ellos descarta la riqueza de actividades cruciales para el crecimiento a largo plazo.

El equivalente a estudiar son todas las acciones y actividades destinadas a mejorar el servicio al cliente. Desde dedicar tiempo a comprender las preferencias de los clientes hasta perfeccionar las habilidades de asesoramiento y recomendación de productos; estas acciones son fundamentales para la creación de una experiencia de compra excepcional. Aquí, el vendedor invierte en el proceso de aprender, desarrollando una comprensión más profunda del cliente y perfeccionando las habilidades necesarias para satisfacer sus necesidades.

Sin embargo, el verdadero valor radica en el proceso de aprender. Así como el estudio va más allá de la mera memorización, el aprendizaje en el entorno laboral implica la comprensión, la adaptación y la capacidad de aplicar los conocimientos adquiridos en contextos cambiantes y desafiantes. Es aquí donde la evaluación de los empleados debería profundizar: ¿cómo están integrando, adaptando y aplicando los conocimientos y experiencias en su trabajo diario?

Una evaluación efectiva de empleados debe enfocarse en el proceso de aprendizaje y desarrollo. Reconocer y valorar no solo los logros obtenidos, sino también el esfuerzo, la capacidad de aprender de los errores y la disposición para mejorar y crecer constantemente. El proceso de valoración de empleados debe ser más que la simple aprobación de resultados. Debería abarcar el análisis de la dedicación en el proceso, la capacidad de aprendizaje, adaptación y crecimiento. Esta transformación en la evaluación no solo nutrirá a los empleados individualmente, sino que también fortalecerá la capacidad de la organización para evolucionar en un entorno empresarial en constante cambio.

El desafío reside en encontrar el equilibrio entre «aprobar» y «estudiar». Si bien alcanzar y superar los KPIs de ventas es fundamental, no debe oscurecer el valor crítico de actividades como la personalización del servicio, la mejora de la experiencia del cliente y la construcción de relaciones a largo plazo. En última instancia, el rendimiento cuantitativo debería respaldarse con una apreciación igualmente fuerte de las actividades cualitativas que promueven la fidelización del cliente y la construcción de marca. En conclusión, la valoración de empleados en el entorno minorista no puede limitarse únicamente a lograr cifras de ventas. Debe abrazar y valorar las actividades que fortalecen la experiencia del cliente, ya que estas son esenciales para el crecimiento sostenible a largo plazo tanto a nivel individual como para el éxito general de la organización en un mercado cada vez más competitivo y centrado en el cliente.

PASA A LA ACCIÓN

El objetivo de esta actividad es promover un ambiente de feedback constructivo y positivo dentro del equipo de ventas para reconocer y fomentar los comportamientos positivos, al mismo tiempo que se identifican áreas de mejora Al reconocer los aspectos positivos y proporcionar áreas de mejora de manera constructiva, se fomenta el desarrollo personal y profesional, fortaleciendo la cohesión del equipo y su desempeño conjunto. Para ello seguiremos los siguientes pasos:

1. Cada miembro del equipo comparte dos estrellas (aspectos positivos) sobre cada compañero, enfatizando en la especificidad y la relación directa con el desempeño laboral.

2. Cada miembro del equipo comparte un deseo (área de mejora) para cada compañero. Los deseos deben ser específicos, enfocados en comportamientos o acciones concretas y formulados de manera constructiva.

3. Se da tiempo para que cada miembro procese los comentarios recibidos y se abre un espacio para preguntas, clarificaciones o reflexiones sobre el feedback recibido.

4. Se anima a establecer acciones concretas para trabajar en las áreas de mejora identificadas.

 **El Lado Oscuro**

¿CÓMO CENTRARNOS EN LOS RESULTADOS NOS ALEJA DE ELLOS?

Déjame contarte una historia:

«Había una vez un reino lleno de cobras que causaban muchos problemas en el campo. La gente del reino estaba asustada y quería deshacerse de todas las cobras para estar seguros. El rey decidió ofrecer una recompensa a cualquiera que trajera una cobra muerta. Pronto, la gente comenzó a cazar cobras y a llevarlas al rey para recibir su recompensa. Todo parecía ir bien: menos cobras significaba menos peligro, ¿verdad?

Pero algo extraño sucedió. En lugar de disminuir, ¡el número de cobras aumentó! La gente había comenzado a criar cobras para matarlas y cobrar la recompensa del rey. Se estaban multiplicando más rápido de lo que la gente podía cazarlas. El rey, al darse cuenta del problema, canceló la recompensa por las cobras. Entonces, aquellos que criaban las cobras, al no tener un incentivo, liberaron todas las serpientes que tenían. El resultado fue más peligro: ¡más cobras sueltas en el reino de las que había al principio! Así, la idea inicial de recompensar por cazar cobras para eliminarlas terminó creando más problemas». A veces, las soluciones pueden causar problemas inesperados si no se piensan bien.

Las métricas, inicialmente concebidas como herramientas para medir el progreso y mejorar el desempeño, se han transformado en fines en sí mismas. En entornos empresariales, por ejemplo, la métrica de ventas se convierte en el objetivo principal, y el enfoque se desplaza hacia alcanzar cifras específicas a expensas de la calidad del servicio o la satisfacción del cliente. Esto conduce a prácticas que maximizan la métrica en lugar de mejorar el valor real que la empresa ofrece. Hay varios ejemplos en los que la presión excesiva por los resultados ha llevado a un peor desempeño o a obtener resultados contraproducentes:

- **Escándalo de Wells Fargo:** La presión por alcanzar metas de ventas agresivas llevó a empleados a abrir millones de cuentas falsas sin el consentimiento de los clientes, lo que resultó en un daño masivo a la reputación de la empresa.
- **Enfoque exclusivo en pruebas estandarizadas en la educación:** Cuando las escuelas se centran únicamente en los resultados de las pruebas estandarizadas, a menudo se descuida la educación holística y el desarrollo de habilidades importantes más allá de lo que se evalúa en esas pruebas.
- **Crisis financiera de 2008:** Los incentivos en el sector financiero para aumentar los volúmenes de préstamos llevaron a prácticas arriesgadas y poco éticas, contribuyendo al colapso del mercado inmobiliario y financiero.
- **Errores médicos por exceso de trabajo:** En entornos médicos, la presión por atender a un mayor número de pacientes en menos tiempo puede llevar a errores médicos y una calidad de atención inferior.
- **Presión en deportes y atletismo:** En ocasiones, la presión excesiva sobre los atletas para lograr resultados puede llevar a lesiones por sobreentrenamiento o a un rendimiento peor debido al estrés y a la ansiedad.

Cuando la métrica se convierte en la estrella principal, lo que realmente importa se vuelve secundario. La obsesión por medir y cuantificar puede llevar a una pérdida de perspectiva, donde la verdadera esencia de lo que se intenta medir se pierde en la búsqueda ciega de números y estadísticas. Es crucial recordar que las métricas son herramientas para informar, no fines en sí mismas. Es hora de recuperar la perspectiva, reconociendo que lo más valioso a menudo no puede ser medido y que la verdadera importancia reside más allá de los números.

En el libro *La tiranía de las métricas*, Jerry Z. Muller examina cómo la obsesión moderna por medir el desempeño en todos los ámbitos de la sociedad puede tener efectos contraproducentes. Muller argumenta que medir el rendimiento puede simplificar y distorsionar la realidad, al centrarse en lo cuantificable y pasar por alto aspectos más complejos e intangibles del desempeño. Destaca cómo la fijación en las métricas puede llevar a una manipulación de los resultados, la evasión de responsabilidades reales, el enfoque en objetivos a corto plazo y, en algunos casos, el empeoramiento del desempeño global.

La obsesión por las métricas puede socavar la confianza entre empleados y gerentes, generando una cultura donde se valora más cumplir con indicadores específicos que hacer lo que realmente es beneficioso para la organización o la sociedad; por ello, propone un enfoque más equilibrado que combine métricas con evaluaciones cualitativas, reconociendo la complejidad y diversidad de situaciones para una toma de decisiones más informada. En resumen, Muller advierte sobre los peligros de confiar excesivamente en las métricas como única medida de desempeño, enfatizando la importancia de una comprensión más profunda y contextualizada de las situaciones para evitar consecuencias no deseadas.

En un equipo de vendedores de tienda, se pueden crear situaciones problemáticas si los incentivos se centran únicamente en las ventas sin considerar otros aspectos importantes. Los vendedores podrían adoptar tácticas agresivas o poco éticas para alcanzar metas, descuidando la satisfacción del cliente o la calidad del servicio. Si solo se valora el volumen de ventas, se pueden descuidar métricas importantes como la fidelización de clientes, la satisfacción del cliente o la calidad del servicio, lo que a la larga puede afectar a la reputación de la tienda. Además, los incentivos pueden generar rivalidad entre los vendedores, lo que lleva a una atmósfera poco colaborativa e incluso a sabotajes entre compañeros para alcanzar metas individuales.

Para evitar caer en una situación problemática, es esencial diseñar incentivos que equilibren las ventas con la satisfacción del cliente, la calidad del servicio y otros aspectos clave de desempeño. Además, una comunicación clara sobre los valores y las expectativas éticas puede prevenir comportamientos no deseados.

Un enfoque equilibrado podría ser establecer incentivos que no se centren únicamente en las ventas, sino que abarquen otros aspectos importantes del desempeño. Aquí tienes un ejemplo de cómo podrían ser estos incentivos:

- **Además de las ventas, se podrían otorgar bonificaciones basadas en encuestas de satisfacción del cliente.** Si los clientes reportan altos niveles de satisfacción, los empleados podrían recibir incentivos adicionales.

- **Implementar programas de reconocimiento o premios mensuales para aquellos empleados que brinden un servicio excepcional, más allá de las ventas.** Esto fomenta un enfoque en la calidad del servicio.

- **Establecer objetivos de equipo que promuevan la colaboración en lugar de la competencia directa entre vendedores.** Por ejemplo, metas para mejorar la experiencia del cliente en la tienda o aumentar la retención de clientes.

- **Ofrecer incentivos relacionados con la participación en programas de formación o desarrollo profesional.** Esto fomen-

JUSTIFICACIÓN

ta el crecimiento personal y profesional de los empleados, lo que puede traducirse en un mejor desempeño en el trabajo.

Estos son ejemplos de incentivos que no se centran exclusivamente en las ventas, sino que promueven otros aspectos fundamentales para el éxito a largo plazo de la tienda y el bienestar general de los clientes y empleados.

En la era moderna, la obsesión por medir y cuantificar se ha arraigado profundamente en todas las esferas de la sociedad. Desde las empresas hasta la educación, las métricas se han convertido en el estándar para evaluar el rendimiento y el éxito. Sin embargo, esta excesiva dependencia de las métricas ha generado una paradoja: cuando la métrica se convierte en el foco principal, el significado y la importancia de lo que se mide se desvanecen.

Pocas palabras bastan

En un entorno como el comercio minorista, se pueden implementar acciones basadas en el propósito para motivar a los empleados y mejorar su desempeño, como involucrar a los empleados en actividades comunitarias que estén relacionadas con la marca o los valores de la tienda o asegurarse de que los vendedores entiendan cómo su trabajo contribuye al éxito general de la tienda y al bienestar de sus clientes.

Los objetivos en una empresa representan la esencia de nuestro propósito, respondiendo al «para qué» de nuestro trabajo. Están intrínsecamente alineados con nuestro ser, con lo que valoramos y perseguimos como organización. Es por esto por lo que vienen expresados con palabras, reflejando la visión que queremos lograr.

El enfoque centrado en soluciones se orienta hacia el futuro, buscando definir y lograr metas deseadas. Se enfoca en lo que está funcionando bien y cómo replicarlo, identificando excepciones al problema. Utiliza preguntas que exploran posibles soluciones, recursos y situaciones exitosas y busca el cambio y el progreso a través de la identificación y aplicación de soluciones y fortalezas existentes.

Un vendedor con mentalidad de crecimiento ve cada interacción como una oportunidad para aprender. Cuando enfrenta un desafío, como un cliente difícil o un bajo rendimiento de ventas, ve la situación como una posibilidad de mejorar.

La obsesión por medir y cuantificar puede llevar a una pérdida de perspectiva, donde la verdadera esencia de lo que se intenta medir se pierde en la búsqueda ciega de números y estadísticas. Es crucial recordar que las métricas son herramientas para informar, no fines en sí mismas.

EMPATĪA

Para derrotar a tu enemigo, primero tienes que entenderlo.

Ahsoka Tano

 ## Entender

¿CÓMO TOMAN DECISIONES LOS VENDEDORES?

En la era moderna, se estima que una persona promedio está expuesta a una cantidad asombrosa de información, desde conversaciones hasta contenido *online*, publicidad y noticias, entre otros. Sin embargo, la capacidad real de procesamiento del cerebro humano es mucho más limitada. Se calcula que la capacidad de procesamiento consciente del cerebro humano es de alrededor de 120 bits por segundo, según algunas investigaciones. Se estima que una persona puede tener entre 10.000 y 40.000 pensamientos por día y puede procesar conscientemente solo una pequeña fracción de ellos. Estas cifras, aunque solo son estimaciones, reflejan la cantidad abrumadora de información que ha de gestionar una persona en un solo día. Y aunque el cerebro es increíblemente poderoso, su capacidad de procesamiento consciente es significativamente más limitada, lo que hace que la selección y el filtrado de información sean procesos críticos para la toma de decisiones y la comprensión del entorno. Esta discrepancia entre la cantidad de información recibida y la capacidad real de procesamiento del cerebro es la razón por la cual este utiliza atajos mentales, heurísticas y otros mecanismos para filtrar, priorizar y procesar selectivamente la información, centrándose en lo más relevante o importante en un momento dado.

Daniel Kahneman, psicólogo ganador del Premio Nobel de Economía en el año 2002, propuso la teoría de los Sistemas 1 y 2 de pensamiento en su libro *Pensar rápido, pensar despacio*. El Sistema 1 es el pensamiento automático e intuitivo. Es rápido, no requiere mucho esfuerzo y se basa en asociaciones rápidas. Por ejemplo, cuando ves un rostro y automáticamente lo reconoces, o cuando respondes rápidamente a preguntas simples como 2 + 2. El Sistema 2, por otro lado, es más deliberado y consciente. Requiere esfuerzo mental y se utiliza para tareas que demandan atención y concentración. Por ejemplo, resolver un problema matemático complejo o analizar un argumento lógico en profundidad. Kahneman explica que el Sistema 1 es propenso a sesgos y errores cognitivos, ya que confía en atajos mentales para tomar decisiones rápidas, mientras que el Sistema 2 es más preciso pero lento, por lo que no siempre se utiliza tanto como sería deseable, ya que requiere más energía mental.

El Sistema 1 es excelente para situaciones donde se necesita una respuesta rápida y automática. Es útil en escenarios cotidianos simples, como reconocer rostros familiares, hacer cálculos matemáticos básicos, tomar decisiones rápidas cuando no hay mucho tiempo para pensar profundamente o confiar en la intuición en situaciones seguras y familiares. El Sistema 1 es beneficioso cuando se trata de tareas rutinarias, respuestas instintivas y acciones que no requieren un análisis detallado o una reflexión profunda. Su rapidez y eficiencia lo hacen valioso en situaciones donde se necesitan respuestas inmediatas y precisas. Un vendedor puede usar el Sistema 1 al interactuar rápidamente con los clientes para identificar sus necesidades básicas, ofrecer respuestas automáticas a preguntas comunes o reconocer señales de interés o desinterés en un producto.

Por otro lado, el Sistema 2 se activa cuando el vendedor necesita explicar en detalle las características técnicas de un producto complejo, resolver problemas relacionados con el inventario o realizar cálculos para ofrecer descuentos personalizados. El uso equilibrado de ambos sistemas puede mejorar la experiencia del cliente, ya que una respuesta rápida (Sistema 1) puede mantener el interés, mientras que un análisis más profundo (Sistema 2) puede resolver preguntas específicas y generar confianza en la compra. Sin embargo, si el vendedor se basa demasiado en el Sistema 1, podría perder oportunidades para explicar mejor los productos o resolver problemas complejos, afectando su desempeño a largo plazo.

Los dos sistemas de pensamiento, según Kahneman, están relacionados con diferentes áreas del cerebro y procesos cognitivos. El Sistema 1 se asocia con regiones cerebrales más primitivas y rápidas, como el sistema límbico, que maneja respuestas automáticas y emocionales. Este sistema se desarrolla para procesar información de manera rápida y eficiente, siendo crucial para la supervivencia y la toma de decisiones instantáneas. El Sistema 2, en cambio, involucra áreas corticales más avanzadas y lentas, como la corteza prefrontal, relacionada con el razonamiento, la planificación y el control ejecutivo. Esta parte del cerebro permite el pensamiento lógico, reflexivo y consciente, pero consume más energía y tiempo. La existencia de ambos sistemas está arraigada en la evolución humana, donde la capacidad de reaccionar rápidamente a estímulos era esencial para la supervivencia, al mismo tiempo que el desarrollo de un pensamiento más reflexivo brindaba ventajas en la resolución de problemas más complejos para adaptarse al entorno cambiante.

Nuestro cerebro, para lidiar con la sobrecarga de información y estímulos, tiende a usar atajos mentales, o heurísticas, para procesar la información de manera más rápida y eficiente. Esto a menudo conlleva a la omisión de datos relevantes o a la interpretación sesgada de la información disponible. La limitación del procesamiento de información del cerebro humano hace que sea imposible analizar y considerar cada detalle en todas las situaciones. Por lo tanto, los sesgos son una especie de atajo mental que permite al cerebro tomar decisiones de manera más rápida, aunque a veces menos precisa, lo que puede llevar a errores sistemáticos en la toma de decisiones y juicios.

El Sistema 1 utiliza heurísticas, o reglas generales, para procesar información de manera rápida. Estas heurísticas pueden ser eficientes, pero también propensas a sesgos. Por ejemplo, el sesgo de confirmación, donde tendemos a buscar y recordar información que confirma nuestras creencias existentes, es un producto del Sistema 1, que opera de manera rápida y automática. El Sistema 2 puede ayudar a contrarrestar estos sesgos cognitivos al analizar críticamente la información, pero requiere esfuerzo consciente y a menudo se activa de manera más lenta y selectiva. La comprensión de cómo ambos sistemas interactúan es fundamental para mitigar la influencia de los sesgos cognitivos en nuestras decisiones y juicios.

El sesgo de confirmación puede influir en el vendedor de diversas maneras. Por ejemplo, si el vendedor tiene una creencia preconcebida sobre un producto o servicio, tenderá a buscar información que confirme esa creencia y a ignorar la que la contradiga. Esto podría llevarlo a pasar por alto características importantes que podrían ser relevantes para el cliente. Además, el vendedor podría involucrarse en conversaciones con los clientes de tal manera que busque confirmar sus propias ideas sobre un producto, lo que podría influir en la forma en que presenta la información y en cómo guía al cliente hacia una compra basada en esa creencia previa, sin considerar realmente sus necesidades específicas. Este sesgo puede limitar la capacidad del vendedor para ofrecer una gama completa de opciones a los clientes, lo que a su vez podría impactar negativamente en su satisfacción y en las ventas a largo plazo.

EMPATÍA

Activar el Sistema 2 implica hacer que el vendedor se detenga, reflexione y analice de manera consciente la situación o la información en lugar de depender únicamente de respuestas automáticas. Aquí hay algunas formas prácticas en las que un vendedor puede activar su Sistema 2 para tomar decisiones más informadas y ofrecer un mejor servicio a los clientes:

- **Preguntas reflexivas:** Hacer preguntas abiertas que requieran respuestas detalladas puede estimular el pensamiento consciente. Por ejemplo, preguntar al cliente sobre sus necesidades específicas en lugar de simplemente asumir lo que podría interesarle.
- **Análisis detallado:** Al presentar productos complejos o detalles técnicos, el vendedor puede tomarse un momento para analizar la información en profundidad antes de ofrecer explicaciones al cliente. Esto implica un proceso mental más lento y reflexivo.
- **Toma de decisiones consciente:** Antes de ofrecer una recomendación o tomar una decisión, el vendedor puede dedicar un tiempo para considerar diferentes opciones, evaluar pros y contras, y pensar en las implicaciones a largo plazo.
- **Autoevaluación:** Fomentar la autoevaluación después de una interacción con el cliente puede ayudar al vendedor a reflexionar sobre su desempeño, identificar áreas de mejora y considerar estrategias alternativas para futuras interacciones.

En el mundo de las ventas, el poder del cerebro y su uso juega un papel crucial. Los vendedores, como estrategas en la interacción humana, se convierten en protagonistas de la toma de decisiones, la persuasión y la generación de confianza. Sin embargo, para maximizar su rendimiento, es esencial comprender las complejidades del cerebro y cómo se procesa la información a través de los Sistemas 1 y 2 de pensamiento, así como reconocer las limitaciones inherentes a cada uno. Reconocer la interacción entre ambos sistemas y ser conscientes de sus limitaciones es fundamental para emplear estratégicamente su capacidad mental que les ayude a ofrecer soluciones más efectivas, generar relaciones más sólidas con los clientes y, en última instancia, alcanzar un rendimiento sobresaliente en el ámbito de las ventas. Un enfoque equilibrado, sabiendo cuándo utilizar cada sistema en función del contexto, es la clave para optimizar la toma de decisiones y la satisfacción del cliente. Integrar estrategias que fomenten la activación consciente del Sistema 2, como la reflexión pausada antes de tomar decisiones importantes o hacer preguntas abiertas para estimular la reflexión, puede mejorar significativamente la calidad de las interacciones con los clientes.

Imagina que el cerebro de tus vendedores es como el de un Jedi con dos tipos de fuerzas para resolver problemas. La Fuerza 1 es rápida y automática, como los movimientos de un Jedi experimentado que puede esquivar disparos fácilmente. Por otro lado, la Fuerza 2 es como la concentración al usar la Fuerza para mover objetos grandes o resolver tareas complicadas. Es más lenta pero muy poderosa, como cuando Luke Skywalker necesita concentrarse para levantar su nave del pantano. La Fuerza 1 es genial porque les permite actuar rápido, pero a veces puede engañarles si confían demasiado en ella. La Fuerza 2 les permite pensar más profundamente y resolver problemas complicados, pero necesita más tiempo y concentración, como cuando Yoda entrena a Luke para ser más reflexivo y controlar mejor la Fuerza. Usar ambas fuerzas sabiamente les ayudará a ser más completos, y les permitirá tomar decisiones más sabias y enfrentar desafíos de manera más efectiva en la galaxia de las ventas.

EMPATÍA

Un vendedor Jedi que maneje sabiamente ambos sistemas de pensamiento destacará por su capacidad de adaptación y versatilidad en diversas situaciones de venta. En situaciones donde se requiere una respuesta inmediata y precisa, este vendedor utilizaría su Sistema 1 para identificar rápidamente las necesidades del cliente y ofrecer soluciones básicas, como reconocer patrones de compra o responder preguntas comunes. Cuando se enfrenta a desafíos complejos o preguntas específicas de los clientes, el vendedor Jedi activaría su Sistema 2. Aquí, mostraría una capacidad para ralentizar su pensamiento y analizar detalladamente la información para ofrecer respuestas más elaboradas, resolver problemas complejos o explicar características técnicas de manera precisa. La clave de su destreza radicaría en la habilidad para cambiar entre sistemas de manera fluida y consciente. Sería capaz de reconocer rápidamente la necesidad de pasar del Sistema 1 al Sistema 2, y viceversa, según la naturaleza de la situación. Su capacidad para elegir el sistema de pensamiento más adecuado en función de las necesidades del cliente se reflejaría en la satisfacción general de estos. Podrían sentir que el vendedor comprende sus necesidades de manera rápida pero también está dispuesto a profundizar cuando se requiere un enfoque más detallado.

PASA A LA ACCIÓN

El Mapa de empatía es una herramienta muy útil para comprender a los clientes, pero también puede aplicarse para entender a los vendedores y mejorar su desempeño. Esta dinámica no solo ayudará a los vendedores a sentirse comprendidos, sino que también proporcionará *insights* valiosos para mejorar la cultura laboral, la eficacia del equipo y la satisfacción en el trabajo, lo que podría traducirse en un mejor rendimiento de ventas. Sigue los siguientes pasos:

1. Explica el propósito del *workshop* y que, esta vez, se enfocará en comprender las experiencias, pensamientos y emociones de los vendedores en lugar de los clientes.

2. Divide al equipo en grupos pequeños. Cada grupo recibirá una plantilla de Mapa de empatía con distintas secciones a explorar:

   - ¿Cómo son, qué los caracteriza (hechos observables)?
   - ¿Qué dicen y hacen los vendedores en su labor diaria?
   - ¿Qué les motiva y que les frustra?
   - ¿Qué deberían seguir haciendo?
   - ¿Qué deberían cambiar o hacer de otra manera?

3. Cada grupo comparte su Mapa de empatía con el resto del equipo. Se alienta la discusión abierta sobre las similitudes y diferencias en las experiencias y desafíos de los vendedores.

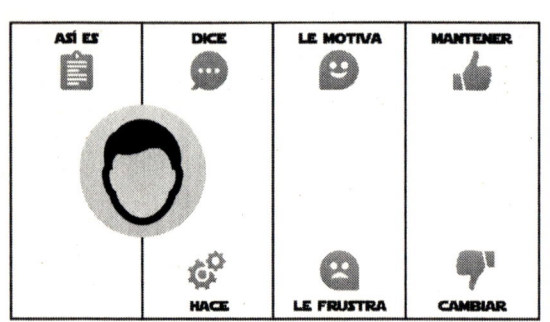

4. Invita al equipo a identificar áreas de mejora en la experiencia del vendedor, proponer soluciones y estrategias para abordar los desafíos identificados.

5. Crea un plan de acción con pasos concretos para implementar cambios que mejoren la experiencia y desempeño del equipo de ventas.

Emocionar

¿CÓMO AFECTAN LAS EMOCIONES A LOS VENDEDORES?

Vanesa, una joven entusiasta, había comenzado a trabajar como vendedora en una tienda de decoración. A pesar de su pasión por el diseño de interiores, se encontraba constantemente abrumada por la ansiedad al interactuar con los clientes. Sentía un nudo en el estómago al acercarse a los clientes, temerosa de no saber qué decir o de parecer incompetente. La presión por alcanzar las metas de venta se sumaba a su ansiedad, generando un ciclo de preocupación constante. Esta ansiedad afectaba a su desempeño de varias maneras. Su mente se bloqueaba, olvidaba detalles importantes sobre los productos y esto le dificultaba mantener una conversación fluida. La sudoración excesiva, el temblor en las manos y la taquicardia se convertían en compañeros constantes durante su jornada laboral. Vanesa ansiaba poder desenvolverse con confianza en su trabajo, sin embargo, la ansiedad se alzaba como un obstáculo difícil de superar en su camino hacia el éxito laboral.

La ansiedad social es un trastorno en el que las personas experimentan un miedo intenso en situaciones sociales. Esto puede manifestarse como temor a ser juzgado, miedo a hablar en público o dificultad para relacionarse con otros. Se produce por una combinación de factores como la genética, experiencias pasadas, desequilibrios químicos en el cerebro y la influencia del entorno social. Lamentablemente, el caso de Vanesa no es una excepción y se produce en mucha mayor medida de lo que sería deseable. Las emociones juegan un papel fundamental en el desempeño de los vendedores y en el ambiente laboral en general.

Las emociones positivas, como la satisfacción y la alegría, pueden aumentar la motivación y el compromiso de los vendedores con su trabajo. Cuando se sienten valorados y reconocidos, tienden a estar más comprometidos con sus tareas y objetivos. Un estado emocional positivo puede mejorar el rendimiento y la productividad de los vendedores. Las emociones positivas están relacionadas con una mayor creatividad, enfoque y capacidad para enfrentar desafíos. Además, las emociones de los vendedores tienen un impacto directo en las interacciones con los clientes. Los clientes responden favorablemente a un vendedor que transmite emociones positivas, como empatía, entusiasmo y confianza. Estas emociones pueden influir en la experiencia del cliente y en la probabilidad de concretar una venta.

El estado emocional de los vendedores contribuye al ambiente laboral en general. Un equipo con emociones positivas tiende a colaborar mejor, comunicarse de manera más efectiva y ser más receptivo a la innovación. Por el contrario, el estrés, la ansiedad o el descontento emocional pueden afectar negativamente tanto a la salud mental y física, como a la percepción del trabajo y la calidad de vida en general. Tener en cuenta las emociones de los vendedores no solo impacta en su rendimiento individual, sino que también influye en la dinámica del equipo, en las interacciones con los clientes y en la cultura organizacional en su conjunto. Un enfoque que promueva emociones positivas y un ambiente emocionalmente saludable puede mejorar significativamente el desempeño y la satisfacción laboral de los vendedores.

El estado de *flow* es un estado mental en el que una persona está completamente inmersa en una actividad, concentrada y absorta en lo que está haciendo. Se caracteriza por una sensación de fluidez, donde el tiempo parece pasar rápido, se pierde la noción del entorno y se experimenta un alto grado de satisfacción y disfrute. El concepto fue desarrollado por el psicólogo Mihaly Csikszentmihalyi, quien lo describió por primera vez en la década de 1970. Csikszentmihalyi se interesó en comprender qué hace que una experiencia sea verdaderamente gratificante y significativa para las personas. Su investigación inicialmente se centró en observar cómo las personas se involucraban completamente en actividades que les proporcionaban un profundo sentido de satisfacción y felicidad. A través de entrevistas y estudios con individuos de diferentes culturas y contextos, Csikszentmihalyi notó patrones comunes en la forma en que describían estas experiencias. Este estado se alcanza cuando la habilidad de la persona para realizar una tarea se equipara perfectamente con el desafío que presenta la tarea en sí misma, lo que resulta en una sensación de inmersión total y satisfacción personal.

Cuando se aplica al mundo de las ventas, este estado ofrece un potencial inmenso para transformar la experiencia tanto del vendedor como del cliente. El vendedor se encuentra inmerso en un desafío constante: equilibrar las necesidades del comprador con la presentación efectiva del producto. Para lograr este equilibrio, es crucial que el vendedor entre en el estado de flujo. En primer lugar, se requiere un entendimiento profundo del cliente. Conocer sus necesidades, deseos y preocupaciones es esencial para alinear la oferta con sus expectativas. Esto requiere una atención plena durante la interacción con el cliente, mostrando empatía y compromiso genuino. El desafío surge cuando el vendedor se enfrenta a la presión de alcanzar cuotas de venta o superar expectativas comerciales. Es en estos momentos donde la ansiedad puede entorpecer la capacidad de fluir. La clave está en encontrar el equilibrio entre el desafío de alcanzar objetivos y la habilidad del vendedor para manejar su ansiedad, manteniendo un enfoque claro en la tarea en lugar de en el resultado.

El entrenamiento y la capacitación juegan un papel crucial. Dotar al vendedor con herramientas para lidiar con la ansiedad, técnicas de comunicación efectiva y habilidades de gestión emocional son aspectos fundamentales para facilitar su entrada al flujo. Además, establecer metas realistas y alcanzables ayuda a mantener la motivación sin generar una presión excesiva. La conexión entre la experiencia del cliente y el estado de flujo del vendedor es trascendental. Cuando el vendedor se sumerge por completo en la interacción, mostrando autenticidad y pasión por el producto, el cliente percibe este compromiso, generando un efecto positivo en la experiencia de compra. Para fluir en las ventas, es esencial cultivar un ambiente que fomente el equilibrio entre desafío y habilidad, que brinde apoyo emocional y técnico al vendedor, y que permita una conexión auténtica entre el vendedor y el cliente. Al hacerlo, se desbloquea el potencial óptimo de las ventas, transformando no solo la transacción comercial, sino también la experiencia humana detrás de ella.

El modelo de Csikszentmihalyi se representa mediante una gráfica que relaciona dos elementos: la habilidad y la dificultad de una tarea. Esta gráfica tiene cuatro zonas distintas que reflejan diferentes estados emocionales:

1. **Zona de apatía:** En esta zona, la habilidad requerida para realizar la tarea es baja, mientras que la dificultad también es baja. Como resultado, la persona se siente apática o desinteresada, ya que la tarea no supone un desafío ni requiere el uso pleno de sus habilidades.

2. **Zona de ansiedad:** Aquí, la dificultad de la tarea es alta, pero la habilidad de la persona es baja. Esto lleva a sentimientos de ansiedad, ya que la tarea se percibe como demasiado difícil para las habilidades disponibles, generando estrés y preocupación por el rendimiento.

3. **Zona de flujo:** Esta es el área ideal. Se da cuando la habilidad de la persona coincide con la dificultad de la tarea. Aquí, el desafío se encuentra en equilibrio con las capacidades del individuo, lo que conduce a un estado de flujo. En este estado, la persona se siente completamente absorta en la tarea, disfrutando del proceso y experimentando un rendimiento óptimo.

4. **Zona de aburrimiento:** En esta área, la dificultad de la tarea es baja pero la habilidad requerida es alta. Esto genera sentimientos de aburrimiento, ya que la tarea no representa un desafío significativo para las habilidades de la persona, lo que puede llevar a la monotonía y a una falta de motivación.

El objetivo es alcanzar el estado de flujo, donde la persona se siente comprometida y totalmente inmersa en la actividad, desencadenando un estado óptimo de rendimiento y satisfacción. Esto se logra al ajustar la dificultad de la tarea al nivel de habilidad de la persona, creando un equilibrio que promueva el flujo y el disfrute de la actividad.

Existen distintos tipos de «asteroides» que pueden obstaculizar el estado de *flow* de un vendedor Jedi. El exceso de notificaciones, correos electrónicos constantes o la multitarea pueden interrumpir el enfoque del vendedor. La solución podría ser establecer momentos específicos para revisar correos o notificaciones, y utilizar aplicaciones o herramientas que limiten las distracciones durante las interacciones clave con los clientes. Por otro lado, las expectativas de rendimiento, a veces, pueden generar estrés excesivo, afectando a la capacidad del vendedor para enfocarse en la tarea actual. Establecer metas realistas y dividirlas en objetivos más pequeños puede ayudar a reducir la ansiedad y permitir un enfoque más concentrado en cada interacción con el cliente. Por último, buscar la perfección en cada interacción puede llevar al exceso de análisis y ralentizar el proceso. Aceptar que la perfección absoluta no es alcanzable en cada caso y enfocarse en brindar un servicio de calidad puede ayudar a mantener el flujo sin obstáculos.

La sensación de fluidez está estrechamente relacionada con la liberación de neurotransmisores clave como la dopamina, serotonina, endorfinas y oxitocina. La dopamina es nuestra aliada en la motivación y el enfoque. ¿Cómo podemos aprovecharla en nuestro trabajo diario? Al establecer metas claras y desafiantes, anticipando la recompensa del logro y enfocándonos en los aspectos más gratificantes de nuestra labor. La serotonina, asociada con el estado de ánimo y la concentración, nos permite mantenernos centrados en el proceso de venta. ¿Cómo cultivarla? Practicando la empatía, la comprensión y manteniendo una actitud positiva hacia nuestros clientes y nuestras propias habilidades. Las endorfinas son nuestras aliadas para generar bienestar y placer. ¿Cómo aprovecharlas en la interacción con los clientes? Al ofrecer soluciones personalizadas que generen satisfacción y una experiencia de compra memorable. Y no olvidemos la oxitocina, la hormona de la conexión emocional. ¿Cómo utilizarla en nuestro beneficio? Fomentando relaciones auténticas y de confianza con nuestros clientes, mostrando empatía y preocupación genuina por sus necesidades.

Desde sus primeros días como novatos hasta llegar al estado de flujo, los vendedores experimentan diversas etapas a lo largo de sus años de trabajo en la tienda:

1. **Etapa de novato (zona de apatía):** Al principio, la tarea de vender podría haber sido fácil en términos de habilidad requerida, pero también era baja en desafío. Este período inicial puede llevarlos a sentirse desinteresados o desmotivados debido a la falta de desafío y a la baja complejidad de las ventas.

2. **Fase de adaptación (zona de ansiedad/aburrimiento):** Con el tiempo, los vendedores se enfrentan a situaciones que varían entre ansiedad y aburrimiento. Al principio, algunas tareas podrían haber sido demasiado difíciles para sus habilidades en desarrollo, generando ansiedad. Sin embargo, con el paso del tiempo, las tareas cotidianas podrían haberse vuelto rutinarias, causando aburrimiento debido a la falta de desafío.

3. **Progreso y dominio (zona de flujo):** Finalmente, adquieren habilidades significativas en ventas y conocimientos profundos sobre los productos. Llegan a un punto en el que la complejidad de la tarea y sus habilidades alcanzan un equilibrio casi perfecto. Aquí es donde los vendedores encuentran su estado de flujo, sintiéndose completamente inmersos en su trabajo, manejando las situaciones con confianza y disfrutando del desafío constante de ayudar a los clientes a encontrar soluciones para sus proyectos.

PASA A LA ACCIÓN

La retrospectiva *Glad, Sad, Mad* es una técnica ágil que ayuda a identificar y abordar las emociones del equipo de vendedores, así como las áreas de mejora en sus interacciones. Aquí tienes las instrucciones para llevar a cabo esta retrospectiva:

1. Comunica al equipo que el objetivo es identificar lo que les ha hecho sentir contentos, tristes o enfadados en su interacción como equipo y con los clientes.

2. Fomenta un entorno abierto y seguro donde los vendedores se sientan cómodos para compartir sus emociones sin temor a críticas.

3. Fase *Glad* (contento): Pide a cada miembro del equipo que comparta algo que los haya hecho sentir contentos en sus interacciones con clientes o colegas. Esto podría ser un logro, un momento de satisfacción o un éxito en una venta.

4. Fase *Sad* (triste): Invita a cada persona a mencionar algo que los haya entristecido o preocupado en sus interacciones. Esto podría incluir dificultades en ventas, problemas de comunicación o cualquier aspecto que haya generado desánimo.

5. Fase *Mad* (enfadado): Por último, pide al equipo que identifique aspectos que los hayan molestado o enfadado durante sus interacciones. Esto podría ser una fricción en el equipo, conflictos con clientes, etc.

6. Una vez que se hayan registrado todos los elementos, revisa cada uno con el equipo. Fomenta la discusión sobre las causas y las posibles soluciones para los aspectos negativos identificados. Anima al equipo a proponer soluciones y establecer un plan de acción para mejorar la colaboración, la comunicación o resolver los problemas identificados.

Entrenar

¿CÓMO IMPLANTAR HÁBITOS QUE AYUDEN A VENDER?

Imagina que tu cerebro es como un músculo que recuerda cómo hacer cosas sin tener que pensar mucho en ellas. Cuando repites una acción una y otra vez, el cerebro encuentra maneras de hacerla más fácil y rápida. Es como si creara un camino en tu cabeza para esa acción específica, y cada vez que la haces, ese camino se vuelve más fuerte. Los hábitos son como acciones que realizas casi sin pensar. Son como esos movimientos automáticos que haces sin esforzarte demasiado una vez que los has practicado lo suficiente. Como cuando te cepillas los dientes o te atas los cordones de tus zapatos cada mañana.

Cuando una señal o algo sucede, como la hora del día o un sentimiento, tu cerebro sigue automáticamente estos caminos que ya conoce y te hace realizar esa acción sin tener que pensarlo demasiado. La formación de hábitos se basa en la plasticidad cerebral, la asociación de acciones con recompensas y la capacidad del cerebro para automatizar comportamientos a través de la repetición y la consolidación neuronal. La buena noticia es que puedes cambiar o crear nuevos hábitos si lo deseas. Al practicar una nueva acción una y otra vez, puedes formar un nuevo camino en tu cerebro. Puede llevar tiempo, pero cuanto más practiques esa nueva acción, más fuerte se volverá ese camino en tu cabeza y más fácil será seguirlo.

En términos neurológicos, los hábitos están relacionados con la capacidad del cerebro para cambiar y adaptarse. Cuando realizas una acción repetidamente, tu cerebro forma conexiones neuronales específicas que fortalecen esa secuencia de comportamiento. Con el tiempo, estas conexiones se vuelven más eficientes, lo que hace que la ejecución de esa acción sea más automática. El circuito de recompensa del cerebro también desempeña un papel crucial en la formación de hábitos. Cuando realizas una acción que es seguida por una recompensa, como la liberación de dopamina, tu cerebro tiende a asociar esa acción con sensaciones placenteras. Esto refuerza la probabilidad de que repitas esa acción en el futuro, contribuyendo así a la formación de un hábito. Además, hay una región del cerebro llamada *el cuerpo estriado*, que juega un papel importante en la consolidación de los hábitos. Esta área ayuda a almacenar rutinas y comportamientos automatizados, permitiéndote realizar acciones sin la necesidad de una atención consciente.

Los hábitos son una herramienta poderosa que los seres humanos utilizamos para simplificar la vida, liberar recursos mentales y emocionales, alcanzar metas personales y adaptarnos a nuestro entorno. Son parte integral de cómo funcionamos y nos ayudan a mantenernos enfocados, eficientes y progresando hacia nuestras metas. Charles Duhigg, en su libro *El poder de los hábitos*, describe el ciclo del hábito como una secuencia de tres pasos que ocurre de manera repetitiva en la formación y mantenimiento de un hábito. Estos pasos son:

1. **La señal:** Es cualquier estímulo o disparador que desencadena el hábito. Puede ser algo visual, una emoción, una ubicación específica, una hora del día, etc. La señal le indica al cerebro que es hora de activar un hábito en particular.

2. **La rutina:** Es la acción o comportamiento que sigue a la señal. Es la parte del hábito que se ejecuta automáticamente, a menudo sin una gran cantidad de pensamiento consciente. Esta rutina es la respuesta automática al estímulo.

3. **La recompensa:** Es el resultado o beneficio que se obtiene al completar la rutina. Esta recompensa es lo que hace que el cerebro asocie la señal con la rutina, ya que busca esa recompensa nuevamente en el futuro.

Imagina el ejemplo del hábito «ofrecer un servicio personalizado y de calidad» que podría tener una vendedora de una tienda en su interacción con los clientes. La señal podría ser la llegada de un cliente a la tienda, una solicitud de ayuda o simplemente la observación de alguien buscando productos específicos. La rutina implica una serie de pasos para ofrecer un servicio personalizado. Esto puede incluir saludar al cliente con una sonrisa, preguntar si necesita ayuda, escuchar atentamente sus necesidades o preferencias, y luego ofrecer recomendaciones basadas en su estilo, tamaño o preferencias de color. La recompensa podría ser la satisfacción de ver al cliente contento con las sugerencias y la experiencia de compra. Además, la posibilidad de generar ventas adicionales o recibir elogios por un excelente servicio también puede ser una recompensa. Este hábito es esencial para esa vendedora, ya que proporciona un servicio diferenciado y personalizado que puede mejorar la experiencia del cliente y fomentar la fidelidad hacia la tienda. Un servicio amable y atento no solo puede conducir a ventas exitosas, sino que también crea una conexión más fuerte entre el cliente y la tienda, lo que puede traducirse en clientes recurrentes y recomendaciones positivas.

Duhigg argumenta que siendo conscientes y gestionando los elementos clave del ciclo del hábito, podemos cambiar y moldear nuestros hábitos. Por ejemplo, identificar la señal que desencadena un hábito no deseado, cambiar la rutina asociada y seguir obteniendo una recompensa satisfactoria puede ayudar a reemplazar ese hábito no deseado con uno más positivo y beneficioso. Existen varias herramientas y estrategias efectivas para cambiar hábitos y desarrollar nuevos que sean más beneficiosos. Algunas de estas herramientas incluyen:

- **Establecer metas claras:** Define metas específicas y realistas relacionadas con el cambio de hábitos. Esto proporciona una dirección clara y un propósito para el cambio.

- **Identificar y modificar la señal:** Reconoce la señal que activa el hábito actual. Al ser consciente de esta señal, puedes modificar el entorno para evitarla o cambiarla por una más saludable.

- **Hacer uso de recordatorios visuales:** Post-it, alarmas en el teléfono o notas en lugares visibles pueden ser útiles.

- **Aplicaciones y tecnología:** Hay aplicaciones específicas que te ayudan a rastrear, registrar y mantener el seguimiento de tus hábitos.

- **Establecer un plan de acción:** Crea un plan detallado sobre cómo implementarás el nuevo hábito. Esto incluye cuándo, dónde y cómo lo realizarás.

- **Practicar la paciencia y la consistencia:** El cambio de hábitos lleva tiempo. Mantén la paciencia y sé constante en tu esfuerzo por establecer el nuevo hábito.

- **Recompensarte:** Asocia una recompensa positiva con el éxito en la formación del nuevo hábito. Esto refuerza el comportamiento y motiva para seguir adelante.

- **Contar con el apoyo de otros:** Comparte tus objetivos con amigos, familiares o grupos de apoyo. El apoyo social puede ser una gran ayuda para mantener la motivación y la responsabilidad.

- **Emplear la técnica de anclaje o encadenamiento:** Asocia el nuevo hábito con una actividad que ya realizas con regularidad. Se trata de vincular el nuevo comportamiento que deseas adoptar con uno ya establecido, de modo que el hábito existente sirva como una señal o recordatorio para realizar el nuevo hábito.

Veamos un ejemplo de cómo una vendedora de tienda podría utilizar la técnica de anclaje vinculando un hábito existente (ancla) como saludar a los clientes al entrar en la tienda con el nuevo hábito, que puede ser, ofrecer información sobre las promociones o productos destacados de la tienda:

1. **Asociar el nuevo hábito con el hábito existente:** Cuando la vendedora saluda a un cliente al entrar en la tienda, decide inmediatamente ofrecer información sobre las promociones o productos destacados. Esta asociación repetida refuerza la conexión entre ambos hábitos.

2. **Establecer una rutina:** Después de saludar al cliente, la vendedora puede dirigirse a un área específica donde se exhiban los productos destacados o promociones para poder mencionarlos fácilmente.

3. **Practicar la consistencia:** Repetir esta secuencia con cada cliente que entre en la tienda ayudará a fortalecer la asociación entre saludar y ofrecer información adicional sobre productos o promociones.

Esta técnica de anclaje utiliza un hábito existente, en este caso, saludar a los clientes, como una señal para recordar realizar un nuevo hábito, que es brindar información útil sobre productos o promociones. Al asociar estas acciones, la vendedora puede incorporar fácilmente una nueva práctica en su interacción con los clientes, lo que podría mejorar su servicio y posiblemente aumentar las ventas. La técnica de anclaje se basa en la idea de que los hábitos existentes ya tienen una fuerte presencia en tu rutina diaria, por lo que utilizarlos como recordatorio puede ayudarte a incorporar nuevos hábitos de manera más efectiva. Cada persona es diferente, por lo que puede ser útil experimentar con diferentes anclajes para encontrar la asociación que funcione mejor para ti y te ayude a establecer el nuevo hábito de manera más consistente.

La creación de hábitos positivos es fundamental en el ámbito del servicio y la atención al cliente. Estos hábitos no solo mejoran la experiencia del cliente, sino que también impactan positivamente en la calidad del servicio ofrecido. En el entorno comercial, los hábitos son la base de la consistencia y la excelencia en el servicio al cliente.

Un vendedor que tiene el hábito arraigado de saludar con amabilidad a cada cliente que entra a la tienda, con este simple gesto, crea un ambiente acogedor y establece una base sólida para la interacción posterior. Sin embargo, la creación de hábitos positivos va más allá de los gestos básicos; implica la construcción deliberada de comportamientos que agregan valor a la experiencia del cliente.

Los hábitos se pueden moldear y modificar para maximizar su impacto en el servicio al cliente. Por ejemplo, un vendedor puede desarrollar el hábito de escuchar activamente las necesidades del cliente. Al practicar consistentemente este hábito, puede comprender mejor las preferencias del cliente y ofrecer recomendaciones personalizadas, lo que mejora la satisfacción y fidelidad del cliente. El proceso de cambio de hábitos no es fácil, pero es alcanzable. Requiere dedicación, repetición y consistencia. Los vendedores deben comprometerse a practicar los nuevos hábitos de forma regular para que se arraiguen en su rutina diaria.

Un vendedor Jedi debe cultivar ciertos hábitos que sean fundamentales para su éxito. Entre ellos hay tres hábitos clave que pueden ser esenciales en el día a día de un vendedor sobresaliente:

EMPATÍA

1. **Hábito de la escucha activa:** Entiende la importancia de escuchar a sus clientes. Esto implica prestar total atención a las necesidades, preocupaciones y deseos del cliente sin interrumpir y mostrando empatía. La escucha activa es clave para comprender realmente lo que el cliente necesita y poder ofrecer soluciones específicas.

2. **Hábito de la persistencia y seguimiento:** No se rinde fácilmente. Reconoce la importancia de seguir con los clientes potenciales, incluso después de un rechazo inicial. El seguimiento constante y la persistencia son fundamentales para cerrar ventas y construir relaciones duraderas con los clientes.

3. **Hábito del aprendizaje constante:** Entiende que el conocimiento es poder. Está constantemente actualizado sobre su producto y técnicas de ventas. Está abierto a aprender y adaptarse a medida que evolucionan las necesidades del cliente y el mercado.

Para internalizar estos hábitos, la repetición es fundamental. La práctica deliberada y consistente en cada interacción con los clientes ayudará a que estos hábitos se conviertan en parte de tu forma natural de hacer negocios. Además, busca retroalimentación constante y reflexiona sobre tu progreso en el desarrollo de estos hábitos para ajustar y mejorar continuamente tu desempeño como vendedor.

En conclusión, los hábitos positivos son la piedra angular del servicio al cliente excepcional. Su capacidad para ser moldeados y modificados hace que sean una herramienta invaluable en la mejora continua del servicio. Aprovechar los hábitos existentes y trabajar en la creación de nuevos hábitos beneficiosos puede transformar radicalmente la experiencia del cliente y elevar la calidad del servicio ofrecido.

PASA A LA ACCIÓN

Con el objetivo de fomentar la creatividad del equipo para identificar y asociar nuevos hábitos a los ya existentes, aquí tienes una dinámica que puedes utilizar con un equipo de vendedores para generar ideas utilizando la técnica del anclaje:

1. Comienza pidiendo a cada miembro del equipo que escriba uno o dos hábitos actuales que realizan regularmente en el contexto de su trabajo. Pueden ser acciones simples, como saludar a los clientes, seguir un proceso de ventas específico, revisar inventario, etc.

2. Invita a cada miembro del equipo a pensar y escribir un nuevo hábito que podrían asociar con los hábitos existentes utilizando la estructura «Después de... haré...». Por ejemplo, «Después de saludar a un cliente, ofreceré información sobre las promociones actuales».

3. Una vez que todos hayan identificado los hábitos existentes y los nuevos hábitos asociados, invita a cada miembro del equipo a compartir sus ideas con el grupo. Anima a la discusión y al intercambio de opiniones sobre la viabilidad y efectividad de cada asociación de hábitos.

4. Después de discutir todas las ideas, pide al equipo que vote por las asociaciones de hábitos que consideren más efectivas o interesantes.

DESPUÉS DE...

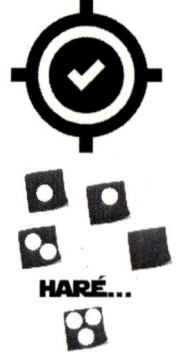

HARÉ...

5. Desarrolla un plan de acción para integrar estos nuevos hábitos dentro de la rutina diaria del equipo de ventas. Establece roles y responsabilidades claras para asegurar que estos hábitos se implementen y se les dé seguimiento.

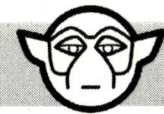 **Empoderar**

¿CÓMO REFORZAR Y RECONOCER A LOS VENDEDORES?

Jenny es una vendedora en una tienda de ropa muy concurrida en un centro comercial. Siempre ha sido una empleada comprometida y eficiente, pero en los últimos meses ha tenido que hacer frente a un aumento considerable en sus responsabilidades. La gerencia decidió reducir el personal y Jenny ha tenido que encargarse de atender a más clientes y cumplir con tareas administrativas adicionales. A pesar de sus peticiones, la gerencia no ha brindado a Jenny el apoyo necesario.

Las quejas de los clientes se han incrementado, pero las soluciones por parte de la gerencia han sido limitadas, lo que ha generado una sensación de falta de respaldo y reconocimiento por su esfuerzo. Además, desde la dirección de la cadena se han establecido metas de ventas muy exigentes. Jenny siente una presión constante para cumplir con estos objetivos, lo que le ha llevado a sacrificar su tiempo de descanso y a trabajar horas extras sin compensación.

Debido a esta situación, Jenny comenzó a sentirse agotada física y mentalmente, incluso al principio de su jornada laboral. Perdió interés en su trabajo y en ayudar a los clientes, lo que afectó su nivel de servicio y su capacidad para conectar con ellos. Se volvió más irritable con sus compañeros de trabajo, y su actitud se volvió más distante y menos colaborativa. A medida que su energía y motivación disminuyeron, sus resultados de venta comenzaron a decaer. Los clientes notaron su falta de entusiasmo y compromiso, lo que afectó negativamente a las ventas.

El síndrome de *burnout*, también conocido como síndrome del trabajador quemado, es un estado de agotamiento físico, mental y emocional causado por el estrés crónico en el lugar de trabajo. Se caracteriza por una sensación de desgaste, falta de energía o sentimientos negativos hacia el trabajo, y una disminución en el rendimiento laboral. Se produce principalmente debido a una exposición prolongada a situaciones laborales estresantes, como cargas de trabajo excesivas, falta de control sobre las tareas, ambientes laborales tóxicos o falta de apoyo por parte de la organización, entre otros factores. Estos elementos pueden generar un desequilibrio entre las demandas laborales y los recursos disponibles para hacerles frente.

La falta de reconocimiento en el lugar de trabajo puede desempeñar un papel significativo en el desarrollo del síndrome de *burnout*. El reconocimiento es más que simplemente recompensar el desempeño; implica valorar y apreciar el trabajo, esfuerzo y contribuciones de los empleados. La falta de reconocimiento puede hacer que los empleados se sientan desmotivados y menos comprometidos con su trabajo. Si sus esfuerzos no son reconocidos, es probable que pierdan interés en dar lo mejor de sí mismos. Es crucial que las organizaciones implementen políticas que fomenten una cultura de reconocimiento y aprecio por el esfuerzo y contribuciones de sus empleados para prevenir el desarrollo del *burnout* y promover un ambiente laboral saludable y productivo.

La gestión de personas en las organizaciones ha experimentado una notable evolución a lo largo de las últimas décadas, reflejando cambios significativos en la percepción y el tratamiento de los empleados. En los años 80 y 90, el departamento responsable de las cuestiones relacionadas con el personal solía llamarse «Dirección de Personal». Esta denominación reflejaba una mentalidad en la que los empleados eran vistos principalmente como un gasto para la empresa. En esta época, el enfoque principal estaba en la administración de nóminas, reclutamiento, cumplimiento legal y cuestiones burocráticas relacionadas con los empleados. Se tendía a valorar más la eficiencia en los procesos que el desarrollo integral de las personas.

Sin embargo, a medida que se avanzaba hacia los años 2000, se produjo un cambio significativo en la percepción de los empleados. Los departamentos comenzaron a ser conocidos como «Dirección de Recursos Humanos». Esta transición implicaba un cambio conceptual importante: las personas ya no eran vistas simplemente como un gasto, sino como un activo fundamental para el éxito empresarial. Hubo un reconocimiento creciente de la importancia de la gestión del talento, el desarrollo del liderazgo, la retención de empleados clave y la creación de entornos laborales más motivadores y productivos.

Hacia el 2010, se produjo otro cambio con la aparición de departamentos conocidos como «Dirección de Talento o Cultura». Esta transformación reflejaba un enfoque más centrado en el capital humano, reconociendo a los empleados como el verdadero motor de la empresa. Se puso mayor énfasis en la construcción de una cultura organizativa sólida, la gestión del talento a largo plazo y la promoción de un entorno laboral que fomente el desarrollo personal y profesional de los trabajadores. Este cambio de paradigma ha llevado a un mayor enfoque en el desarrollo y el bienestar de los empleados, reconociendo que una fuerza laboral comprometida, motivada y bien dirigida es esencial para la sostenibilidad y el crecimiento de cualquier organización en la era moderna.

El tema del reconocimiento es fundamental en la evolución de la gestión de personas. A lo largo de estas décadas, el reconocimiento ha sido un factor clave en la transformación de la percepción y el tratamiento de los empleados dentro de las organizaciones. En la época del departamento de «Dirección de Personal», el reconocimiento era limitado o incluso inexistente. Los empleados eran vistos principalmente como una parte administrativa y su valor más destacado era su contribución a las tareas operativas. Esta falta de reconocimiento llevó a una visión de los trabajadores como un gasto más que como un activo valioso para la empresa. Con el cambio hacia los departamentos de «Recursos Humanos», comenzó a hacerse un mayor énfasis en el reconocimiento y se implementaron estrategias para motivar, retener y desarrollar a los trabajadores. El reconocimiento se convirtió en una herramienta importante para valorar el desempeño, motivar a los empleados y crear un entorno laboral más gratificante.

En etapas más actuales, el reconocimiento alcanzó un nivel de importancia aún mayor. El enfoque pasa de estar orientado a la retención y el desarrollo y mira, también, hacia la construcción de una cultura organizativa sólida. El reconocimiento se extiende también al reconocimiento de los valores, la contribución al ambiente laboral positivo y la promoción de la colaboración y el trabajo en equipo.

En los últimos tiempos han cobrado mucha popularidad enfoque más modernos, centrados en la colaboración, la motivación de los equipos, como el caso del *Management 3.0*. En cuanto al reconocimiento, el Management 3.0 enfatiza la importancia de valorar y reconocer el trabajo de los empleados como una forma efectiva de motivación y compromiso. No se trata solo de recompensas monetarias, sino de reconocer de manera auténtica y significativa el esfuerzo, la creatividad y los logros de los empleados. Plantea fomentar una cultura de *feedback* regular y positivo, donde los logros se celebren y se reconozca el trabajo bien hecho de manera constante. También tiene en cuenta que cada individuo tiene diferentes necesidades de reconocimiento. Algunos pueden preferir el reconocimiento público, mientras que otros pueden valorar más recibirlo en privado.

Para implantar eficazmente el reconocimiento en las organizaciones, el *Management 3.0* propone algunas estrategias:

- **Crear una cultura de aprecio:** Esto implica que el reconocimiento no solo provenga de los líderes, sino que se fomente entre los propios compañeros de equipo. Se pueden implementar programas donde los empleados puedan reconocer y valorar el trabajo de sus colegas.

- **Herramientas para el reconocimiento:** Pueden establecerse herramientas formales o sistemas donde se puedan otorgar reconocimientos, ya sea mediante premios, menciones en reuniones, agradecimientos públicos o cualquier otro método que se ajuste a la cultura de la empresa.

- **Transparencia y consistencia:** Es importante que el reconocimiento sea transparente y consistente. Debe basarse en criterios claros y justos para evitar cualquier percepción de favoritismo o discriminación.

- **Capacitación y sensibilización:** Los líderes y gestores deben recibir capacitación sobre la importancia del reconocimiento y cómo hacerlo de manera efectiva. Esto puede incluir técnicas de comunicación, *feedback* constructivo y cómo celebrar logros individuales y de equipo.

Para ayudar a Jenny a superar su situación de *burnout* a través de acciones concretas de reconocimiento, se pueden implementar varias estrategias que le brinden apoyo, valoración y motivación. Aquí hay algunas acciones específicas que podrían ayudar:

1. **Reconocimiento por logros específicos:** Identificar y reconocer los logros y contribuciones de Jenny de manera específica y detallada. Puede ser en forma de agradecimientos perso-

nales, menciones en reuniones de equipo o correos electrónicos que destaquen sus éxitos. El responsable de Jenny podría enviar un correo electrónico al equipo destacando cómo resolvió una situación delicada con un cliente insatisfecho, reconociendo sus habilidades para manejar conflictos y asegurando que su esfuerzo fue fundamental para mantener la satisfacción del cliente.

2. **Feedback constructivo y de modo regular:** Esto podría incluir el reconocimiento de su capacidad para manejar situaciones difíciles o su compromiso con el servicio al cliente. Durante una reunión semanal, el supervisor de Jenny podría expresar su aprecio por su dedicación al trabajo, señalando cómo su compromiso ha marcado la diferencia en el equipo y brindando feedback positivo sobre su iniciativa en la resolución de problemas.

3. **Apoyo en la carga de trabajo:** Puede implicar redistribuir tareas, establecer prioridades más claras o brindar apoyo adicional para ciertas responsabilidades. Después de una revisión de las tareas de Jenny, el equipo decide asignar algunas responsabilidades menos urgentes a otros miembros del equipo para aliviar su carga laboral, permitiéndole concentrarse mejor en las tareas más importantes y reducir su estrés.

4. **Flexibilidad:** Permitir horarios flexibles o días libres adicionales para que Jenny pueda recuperarse y encontrar un mejor equilibrio entre su vida personal y laboral. Así podrá manejar mejor sus responsabilidades personales y recargar energías sin sacrificar productividad.

5. **Programas de bienestar y desarrollo personal:** Ofrecer programas de bienestar que incluyan sesiones de manejo del estrés o actividades que promuevan la salud mental y física.

También se pueden proporcionar oportunidades de desarrollo profesional que estimulen su crecimiento en la empresa. La empresa puede ofrecer sesiones semanales de yoga después del trabajo para ayudar a los empleados a relajarse. Además, se brinda acceso a cursos en línea para el desarrollo profesional de Jenny en áreas que le interesan y que podrían impulsar su carrera.

6. **Reconocimiento público y privado:** Celebrar sus logros no solo en entornos públicos, como reuniones de equipo o boletines, sino también en espacios más íntimos, como reuniones uno a uno con su supervisor, demostrando un reconocimiento personalizado. Por ejemplo, durante una reunión de equipo, se destaca el esfuerzo adicional de Jenny en la realización de un proyecto, recibiendo aplausos y felicitaciones públicas. Además, su supervisor programa una reunión privada para agradecerle personalmente su compromiso y dedicación al equipo.

PASA A LA ACCIÓN

En Management 3.0, los *kudos* se utilizan como una herramienta poderosa para promover la cultura de reconocimiento y aprecio en el equipo. Los *kudos* no solo provienen de los líderes o gerentes, sino que cualquier miembro del equipo puede otorgarlos a otros compañeros, lo que fomenta una cultura de reconocimiento horizontal en la que todos pueden contribuir a valorar y apreciar el trabajo de los demás. Así es cómo se utilizan:

1. Crea un tablero dividido en bloques, asignando a cada vendedor un bloque con su nombre y fotografía. Coloca a un lado tarjetas o post-its con diferentes frases de reconocimiento (kudos): «¡Muchas gracias!», «¡Muy feliz!», «¡Bien hecho!», «¡Felicidades!», «¡Buen trabajo!» y «¡Orgulloso!»

2. Invita a los vendedores a tomar una tarjeta y a escribir un mensaje breve para reconocer algún logro, actitud positiva o acción destacada de otro compañero.

3. Los vendedores pueden colocar sus tarjetas en los bloques de sus compañeros, eligiendo a quien deseen reconocer.

4. Invita al equipo a observar el tablero y reflexionar sobre los mensajes de reconocimiento que han recibido.

5. Anima a cada vendedor a expresar cómo se sienten al recibir los kudos y compartir la importancia del reconocimiento espontáneo en el equipo.

 # El Lado Oscuro

¿CÓMO LA EXIGENCIA PUEDE TERMINAR CON LA EXCELENCIA?

Imaginemos dos directores de ventas con enfoques diferentes. El primero está más orientado hacia el desarrollo integral de su equipo. Fomenta un ambiente de aprendizaje continuo, brinda herramientas y recursos para mejorar las habilidades de venta, y promueve la autonomía y la toma de decisiones entre sus colaboradores. Su enfoque está en el crecimiento individual y colectivo, apoyando a su equipo para alcanzar su máximo potencial, enfocándose en la calidad del trabajo y el desarrollo a largo plazo. Este director usa un modelo de gestión basado en la excelencia.

Por otro lado, el segundo director está más enfocado en resultados inmediatos y cuantificables. Establece metas rigurosas y presiona a su equipo para alcanzarlas sin necesariamente enfocarse en el desarrollo personal o las capacidades a largo plazo. Transmite una mayor presión sobre los resultados y, posiblemente, genera un ambiente más estresante y competitivo. En el caso de este director, su foco está puesto en la exigencia.

En su libro *La empresa emergente*, Rafael Echevarría, uno de los principales exponentes del *coaching ontológico*, aborda la diferencia entre excelencia y exigencia desde una perspectiva centrada en el mundo empresarial y organizacional. Echevarría destaca que la exigencia está más vinculada con estándares externos, con la imposición de ciertos parámetros o normas predefinidas por el entorno, la cultura o la sociedad. Estos estándares pueden generar presión y llevar a una mentalidad de perfeccionismo que puede resultar contraproducente.

En cambio, la excelencia es vista como una búsqueda interna de superación y desarrollo continuo. Se basa en los valores personales y organizacionales, y se orienta hacia la mejora constante, no tanto desde la comparación con otros o con estándares externos, sino desde el crecimiento individual y colectivo. La excelencia se relaciona con el compromiso personal y organizacional de hacerlo lo mejor posible en función de los propios valores y capacidades, más que por la imposición de criterios ajenos. Las diferencias en la forma de gestionar se apreciarían en el clima laboral y la actitud de los equipos:

- **Ambiente laboral:** Bajo un enfoque de excelencia, es probable que los empleados se sientan más valorados, motivados y comprometidos con el proceso de crecimiento. Por otro lado, en un entorno de exigencia extrema, es posible que el equipo se sienta más presionado, estresado y menos valorados como individuos.

- **Efectos en el equipo:** Un gestor apoyado en la excelencia podría generar un equipo más colaborativo, con una mentalidad de mejora continua y una disposición a asumir desafíos. Mientras que un enfoque de exigencia extrema podría llevar a un equipo más tenso, con altos niveles de estrés, y posiblemente a una menor creatividad y compromiso a largo plazo debido a la presión constante.

En términos de resultados a largo plazo, el enfoque en la excelencia tiende a generar un equipo más sólido, motivado y comprometido, lo que puede traducirse en una mejora sostenida en el desempeño.

Por otro lado, el enfoque excesivamente exigente podría generar resultados inmediatos, pero podría desgastar al equipo a largo plazo y afectar la retención de talento.

EMPATÍA

En el mundo empresarial, la gestión de equipos es un arte que define el rumbo y la productividad de una organización. La exigencia y la excelencia se erigen como polos opuestos en la manera de liderar y motivar a los colaboradores, manifestando resultados y climas laborales muy distintos.

La gestión basada en la exigencia tiende a imponer estándares y metas rígidas, a menudo dictadas por el temor al fracaso. El control es su principal herramienta, llevando consigo la emoción del miedo. En este contexto, los trabajadores se vuelven reactivos, temerosos de cometer errores y, por ende, limitados en su creatividad y proactividad. El manager se asemeja a un «capataz», enfocado en supervisar y corregir, guiado por el Lado Oscuro de la gestión.

Por otro lado, la gestión centrada en la excelencia se apoya en la delegación y la confianza en las capacidades individuales y colectivas. Aquí, la confianza es la emoción dominante. Los líderes delegan responsabilidades, fomentan la autonomía y reconocen el potencial de sus equipos para aportar nuevas ideas. Los trabajadores se vuelven proactivos, motivados por la confianza depositada en ellos y con una mayor disposición para innovar y contribuir. Este tipo de manager se asemeja más a un *coach*, guiando y apoyando el desarrollo de sus colaboradores, evocando la Fuerza en su liderazgo, similar a la esencia de Yoda.

La exigencia, al igual que Darth Vader, puede obtener resultados inmediatos, pero a largo plazo conlleva un desgaste tanto para los trabajadores como para la organización. El miedo constante puede llevar a la falta de compromiso y al estancamiento. Mientras tanto, la excelencia, como la sabiduría de Yoda, se traduce en un crecimiento sostenible, una cultura organizacional más robusta y una mayor satisfacción laboral. En conclusión, el estilo de gestión marca la diferencia entre el éxito a corto plazo y el crecimiento sostenible a largo plazo. La elección entre la exigencia y la excelencia no solo define la productividad y la innovación, sino también el bienestar y el compromiso de los trabajadores. Optar por la excelencia, delegar y confiar en el potencial del equipo, es el camino hacia una fuerza laboral motivada, creativa y comprometida, capaz de enfrentar desafíos y alcanzar metas con entusiasmo y determinación.

Caer en el enfoque de la exigencia en la gestión de equipos de venta puede ser más fácil de lo que piensas. En un entorno altamente competitivo, los gerentes pueden sentir la presión de alcanzar metas a corto plazo, lo que los lleva a enfocarse excesivamente en exigir resultados inmediatos de sus equipos. Los gerentes pueden caer en la exigencia si carecen de confianza en las habilidades de su equipo. En algunas empresas, la cultura corporativa puede enfatizar los números y las métricas sobre otros aspectos, lo que lleva a los gerentes de ventas a presionar constantemente a sus equipos para lograr resultados cuantificables.

Los efectos de un uso excesivo de la exigencia en equipos de venta pueden ser perjudiciales: la presión constante puede llevar al estrés y a la desmotivación en los miembros del equipo, lo que puede disminuir su rendimiento y afectar su bienestar emocional. Además, cuando el foco está únicamente en cumplir con estándares estrictos, los miembros del equipo pueden sentirse reacios a proponer ideas innovadoras o a colaborar con otros, ya que el miedo al error predomina. En un ambiente laboral de alta exigencia puede conducir a una alta rotación de personal, ya que los empleados podrían buscar entornos laborales menos estresantes y más motivadores.

Para evitar caer en este Lado Oscuro de la gestión de equipos de venta, es crucial equilibrar la búsqueda de resultados con el apoyo y desarrollo de sus equipos. Celebrar los logros y ofrecer retroalimentación constructiva en lugar de imponer presión excesiva.

EMPATÍA

Por supuesto, fomentar la confianza en las habilidades y capacidades del equipo, brindando apoyo y recursos para su desarrollo y definir metas alcanzables y realistas, evitando establecer estándares inalcanzables que generen presión excesiva. A su vez, ofrecer a los equipos las herramientas y la capacitación necesarias para que puedan desempeñarse de manera efectiva y sentirse empoderados.

Al adoptar un enfoque más equilibrado y centrado en el apoyo y el desarrollo de los equipos, los gerentes pueden evitar caer en la trampa de la exigencia excesiva, promoviendo así un ambiente laboral más saludable y productivo.

Pocas palabras bastan

En el mundo de las ventas, el poder del cerebro y su uso juega un papel crucial. Los vendedores, como estrategas en la interacción humana, se convierten en protagonistas de la toma de decisiones, la persuasión y la generación de confianza. Sin embargo, para maximizar su rendimiento, es esencial comprender las complejidades del cerebro.

Un estado emocional positivo puede mejorar el rendimiento y la productividad de los vendedores. Las emociones positivas están relacionadas con una mayor creatividad, enfoque y capacidad para enfrentar desafíos. Además, las emociones de los vendedores tienen un impacto directo en las interacciones con los clientes.

La creación de hábitos positivos es fundamental en el ámbito del servicio y la atención al cliente. Estos hábitos no solo mejoran la experiencia del cliente, sino que también impactan positivamente en la calidad del servicio ofrecido.

Es crucial que las organizaciones implementen políticas que fomenten una cultura de reconocimiento y aprecio por el esfuerzo y contribuciones de sus empleados y promover un ambiente laboral saludable y productivo.

Optar por la excelencia, delegar y confiar en el potencial del equipo es el camino hacia una fuerza laboral motivada, creativa y comprometida, capaz de enfrentar desafíos y alcanzar metas con entusiasmo y determinación.

DISEÑO

La esperanza es como el sol. Si solo crees en él cuando puedes verlo, nunca sobrevivirás a la noche.

Princesa Leia

 **Definir**

¿CÓMO FACILITAR EL TRABAJO A LOS VENDEDORES?

Imagina una situación en la que un cliente entra en una tienda y se encuentra con una amplia gama de opciones de mermelada con 24 sabores diferentes. A primera vista, esta variedad puede parecer atractiva, pero consideremos lo que realmente sucede. Muchas veces, frente a tantas opciones, la persona se siente abrumada y, en lugar de tomar una decisión, posiblemente opte por no comprar ninguna mermelada. Esto se conoce como «parálisis por análisis». Ahora, comparemos esta situación con otra en la que el cliente se encuentra con solo 6 opciones de mermelada. Aquí, aunque la variedad es menor, el cliente puede tomar una decisión de forma más fácil. La mente no se ve abrumada por la cantidad y es más probable que se decida por una de las opciones presentadas.

Sheena Iyengar, psicóloga conocida por su investigación sobre la toma de decisiones, también ha abordado la paradoja de la elección. En su estudio sobre la cantidad de opciones llevó a cabo el experimento con las mermeladas. Los resultados mostraron que cuando se ofrecieron 24 opciones, más personas se detuvieron a probar las mermeladas, pero menos compraron en comparación con el grupo al que se le ofrecieron solo 6 opciones. Aunque más personas mostraron interés con la variedad más amplia, la tasa de conversión fue significativamente menor que en el grupo con menos opciones. Iyengar concluyó que, aunque la variedad puede atraer la atención, un exceso de opciones puede llevar a una menor probabilidad de tomar una decisión final. Esto respalda la idea de que la abundancia de opciones puede ser paralizante. Al limitar las opciones a un número manejable, se elimina la parálisis por análisis y se aumenta la probabilidad de que el cliente tome una decisión de compra. Menos opciones pueden conducir a una toma de decisiones más fácil para los clientes, reducir la parálisis por análisis y permitir que los vendedores ofrezcan un servicio más personalizado, lo que, en última instancia, puede contribuir a un aumento en las ventas.

Barry Schwartz, en su libro *The Paradox of Choice*, aborda cómo la abundancia de opciones en la vida moderna puede generar estrés, ansiedad y dificultades en la toma de decisiones. Schwartz argumenta que, aunque más opciones pueden parecer deseables, en realidad pueden ser paralizantes y conducir a una insatisfacción general. Propone formas de manejar esta paradoja, como simplificar las decisiones y priorizar lo que realmente importa para encontrar mayor satisfacción en nuestras elecciones. Schwartz propone varias estrategias para manejar la paradoja de la elección, entre las que destacan:

1. **Aceptación de «suficiente»:** Aprender a conformarse con una opción que sea lo suficientemente buena en lugar de buscar la mejor opción.

2. **Reducción de opciones:** Limitar conscientemente el número de opciones disponibles. Esto puede implicar establecer criterios claros para filtrar opciones y reducir la carga de decisiones.

3. **Tomar decisiones informadas:** Obtener información suficiente para tomar decisiones racionales y evitar la sobreinformación.

4. **Enfocarse en lo que realmente importa:** Esto implica concentrarse en lo que es significativo en lugar de buscar la perfección en todas las elecciones.

5. **Automatización de decisiones:** Al convertir algunas decisiones en hábitos o rutinas, se reduce la carga cognitiva asociada con la toma de decisiones diarias menores.

En el contexto de los vendedores que trabajan en una tienda, pueden surgir varias paradojas de elección. Por ejemplo, la tienda ofrece una amplia gama de productos para los clientes, con lo que el vendedor se enfrenta al desafío de ayudar a los clientes a navegar entre las opciones sin abrumarlos, asegurándose de que encuentren lo que buscan sin sentirse paralizados por la variedad. Algunos productos pueden tener múltiples variantes o características. El vendedor puede enfrentarse a la paradoja de ofrecer suficientes opciones para satisfacer las necesidades del cliente sin complicar excesivamente la toma de decisiones. A esto podemos sumar que la tienda puede tener múltiples ofertas, descuentos o promociones en curso. Aquí, la paradoja puede surgir cuando los clientes se sienten abrumados al tratar de elegir entre diferentes ofertas, o cuando la gran cantidad de opciones de descuentos hace difícil tomar una decisión de compra.

Para superar las paradojas de elección que enfrenta un vendedor en una tienda, existen varias estrategias que pueden ayudar a manejar la situación:

- **Conocer al cliente:** Comprender las necesidades y preferencias del cliente puede ayudar al vendedor a ofrecer recomendaciones más específicas y reducir la cantidad de opciones presentadas.
- **Limitar las opciones:** En lugar de mostrar todos los productos disponibles, el vendedor puede destacar una selección limitada de productos que se ajusten mejor a las necesidades del cliente. Esto puede evitar abrumar al cliente con demasiadas opciones.

- **Ofrecer orientación:** Proporcionar información detallada sobre productos clave y destacar las diferencias entre opciones similares puede ayudar al cliente a tomar decisiones y reducir la incertidumbre.

La planificación y la definición de prioridades se convierten en los pilares del éxito en las ventas minoristas. Un vendedor bien preparado identifica las acciones clave que generan resultados y se enfoca en ellas. El éxito en el mundo del *retail* radica en la capacidad de simplificar elecciones y priorizar acciones. Al eliminar la complejidad innecesaria y centrarse en las necesidades del cliente, los vendedores pueden ofrecer experiencias más significativas. La simplicidad y la claridad de objetivos no solo benefician al cliente al simplificar su toma de decisiones, sino que también elevan la efectividad del vendedor, generando resultados más sólidos y sostenibles.

Cuando la paradoja de elección afecta las múltiples tareas y acciones que un vendedor debe realizar en una tienda, puede surgir lo que se conoce como la «parálisis por la multitarea». En este caso, el exceso de tareas concurrentes puede generar estrés, agobio y una disminución en la eficiencia y productividad del vendedor. La sobrecarga de tareas simultáneas puede llevar a que el vendedor se sienta abrumado e incapaz de priorizar adecuadamente sus acciones. Esto puede conducir a un ciclo donde, al intentar hacer demasiadas cosas a la vez, se termine haciendo todo de manera menos eficiente o se cometan errores debido a la falta de enfoque. Para abordar esta situación, es esencial implementar estrategias de gestión del tiempo y priorización de tareas:

- **Establecer prioridades:** Identificar y priorizar las tareas críticas es fundamental. Definir qué acciones son más importantes en un momento dado puede ayudar a enfocarse en lo que realmente importa en lugar de tratar de abarcar todo al mismo tiempo.

- **Planificación y organización:** Asignar bloques de tiempo específicos para cada tarea ayuda a estructurar el trabajo y evitar la sensación de agobio.
- **Dividir tareas complejas:** Descomponer las tareas complejas en pasos más pequeños y manejables facilita su abordaje y reduce la sensación de sobrecarga.
- **Uso de *checklist*:** Mantener una lista de tareas pendientes y visualizar las actividades puede ayudar a mantener el enfoque y seguir un plan establecido.

Las listas de verificación o *checklist* no solo son herramientas para recordar pasos rutinarios, sino que también sirven para tener presentes las tareas fundamentales que podrían pasar desapercibidas en situaciones de estrés o rutina. En entornos complejos, donde las decisiones pueden ser abrumadoras o las rutinas agotadoras, las listas de verificación actúan como recordatorios visuales de tareas críticas que podrían olvidarse. Al tener una lista estructurada, los profesionales pueden identificar las tareas clave que deben abordarse primero, evitando que se pasen por alto en medio de otras responsabilidades.

Una lista de verificación centrada en asegurar una interacción efectiva con el cliente, desde el saludo inicial hasta el seguimiento posterior a la venta, ayuda a garantizar que el vendedor no omita pasos importantes y brinde una experiencia satisfactoria al cliente, reduciendo errores y mejorando la precisión en el proceso de atención. Aquí tienes una lista de verificación adaptada al proceso de atención al cliente por parte de vendedores en una tienda:

1. **Saludo inicial:** ¿He saludado cordialmente al cliente al entrar a la tienda?

2. **Identificación de necesidades:** ¿He escuchado atentamente las necesidades del cliente? ¿He formulado preguntas para entender sus preferencias o lo que busca?

3. **Recomendaciones de productos:** ¿He ofrecido productos que se ajusten a las necesidades y preferencias del cliente?

4. **Información detallada:** ¿He proporcionado información clara y precisa sobre los productos, incluyendo características, precios y beneficios relevantes?

5. **Ofertas o promociones:** ¿He informado al cliente sobre ofertas, descuentos o promociones aplicables a los productos que está considerando?

6. **Confirmación de decisión:** ¿He verificado si el cliente está satisfecho con la elección o si necesita más ayuda para decidir?

7. **Proceso de pago:** ¿He asistido al cliente de manera eficiente durante el proceso de pago, asegurándome de que todo esté claro y sin errores?

8. **Despedida y seguimiento:** ¿He agradecido al cliente por su visita y he proporcionado información sobre políticas de devolución o seguimiento postventa si es necesario?

Para que esa lista de verificación u otra similar sea útil se debe comenzar por analizar y desglosar las diferentes fases que componen la interacción del vendedor con el cliente, desde el saludo inicial hasta el seguimiento posterior a la venta. Para ello se debe tener en cuenta la experiencia de los vendedores que están en contacto directo con los clientes. Ellos pueden ofrecer información valiosa sobre los pasos críticos y aspectos a tener en cuenta en la interacción con los clientes. Con ello se pueden identificar las tareas más importantes y críticas en cada etapa del proceso de atención al cliente y se podrá redactar una lista detallada que incluya pasos específicos a seguir en cada fase del proceso. La lista debe ser clara, concisa y fácil de seguir, con elementos verificables y medibles. Por último, una vez creada la lista, debe someterse a revisiones continuas para comprobar su eficacia en el día a día y ajustar los puntos que puedan necesitar mejoras o aclaraciones.

Para que estos *checklist* tengan éxito tendrás que asegurar que todos los vendedores estén familiarizados con la lista de verificación y comprendan la importancia de seguir cada paso para brindar un servicio óptimo al cliente. Para ello, facilita el acceso a la lista de verificación, ya sea en forma impresa o digital, y que pueda ser consultada durante la interacción con el cliente. Además, promueve una cultura en la que la lista de verificación sea vista como una herramienta para mejorar el servicio al cliente, y no como un control. Anima a los vendedores a sugerir cambios o ajustes que puedan hacer que la lista sea más efectiva en su trabajo diario.

PASA A LA ACCIÓN

Aquí tienes una dinámica colaborativa y visual que proporcionará una visualización clara del rendimiento de cada vendedor en cada punto de la lista de verificación del proceso comercial y que también fomentará la colaboración y la discusión para implementar mejoras y estrategias en el servicio al cliente. Sigue los siguientes pasos:

1. Crea en la pared, con post-its, los ejes de un gráfico con los nombres de los vendedores en el eje vertical y los puntos de la lista de verificación en el eje horizontal. Deja espacio suficiente para colocar post-its en las intersecciones.

2. Comienza con el primer punto de la lista. Pregunta a cada vendedor si ha completado ese paso satisfactoriamente durante su interacción con los clientes. Si la respuesta es afirmativa, el vendedor coloca un post-it de un color (por ejemplo, verde) en su nombre y el punto correspondiente. Si la respuesta es negativa, utiliza un post-it de otro color (por ejemplo, rojo).

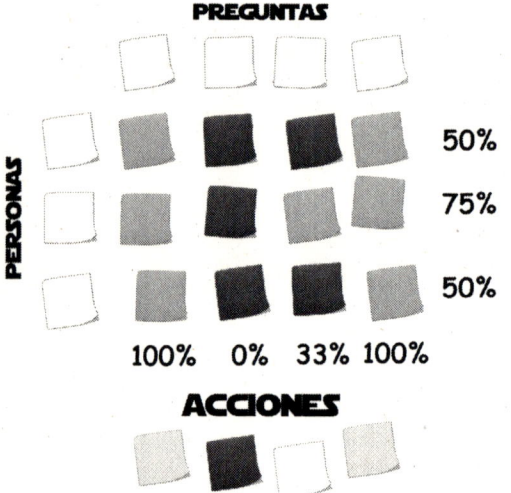

3. Una vez que has completado todos los puntos de la lista, revisa visualmente el tablero. Puedes calcular el porcentaje de preguntas afirmativas por vendedor y por punto sumando los post-its de cada color en cada fila y columna y calculando el porcentaje correspondiente sobre el total.

4. Identifica áreas de mejora y discute estrategias para mejorar el rendimiento en los pasos donde se observaron más respuestas negativas.

DISEÑO

 **Dotar**

¿CÓMO GESTIONAR LOS RECURSOS QUE AYUDAN A MEJORAR LAS VENTAS?

En una cadena de tiendas, el equipo directivo enfrenta un desafío recurrente: mantener los costes bajos para aumentar los márgenes de beneficio. Durante años, cada vez que la tienda se enfrenta a dificultades financieras, la respuesta ha sido la misma: reducir el número de empleados en la sala de ventas. Cada recorte de personal se justifica como una estrategia para controlar costes y mejorar los beneficios. Con el tiempo, esta mentalidad se arraiga en el equipo. Los empleados comienzan a ver la reducción de personal como la única solución ante cualquier problema, incluso si otros aspectos del negocio podrían estar contribuyendo al bajo rendimiento. La tienda comienza a experimentar consecuencias no deseadas. La calidad del servicio al cliente disminuye, las estanterías permanecen desordenadas por la falta de tiempo para mantenerlas ordenadas, y los clientes a menudo se sienten frustrados al no recibir la atención adecuada.

La expresión «la ley del martillo dorado» se atribuye comúnmente al filósofo estadounidense Abraham Kaplan, acuñada en su libro *The Conduct of Inquiry: Methodology for Behavioral Science*, donde menciona: «Da igual cuál sea tu herramienta, encontrarás que todo lo que tienes se parece a un clavo». Esta metáfora se utiliza en varios entornos, especialmente en campos como la gestión de proyectos, la toma de decisiones y la resolución de problemas. En estos contextos, se advierte sobre el riesgo de aferrarse a una única herramienta, técnica o enfoque para resolver todos los problemas, incluso cuando no sea la opción más adecuada. Este enfoque limitado puede llevar a decisiones erróneas o a soluciones ineficaces, ya que se ignoran alternativas que podrían ser más efectivas o pertinentes para un problema específico.

Este concepto se relaciona con la idea de que, debido a la comodidad o habilidad con una herramienta específica, se puede caer en la trampa de aplicarla de manera excesiva, sin considerar si es la mejor solución para un problema particular. En el ámbito de la gestión y la resolución de problemas, se destaca la importancia de explorar diversas herramientas y enfoques para abordar cada situación de manera óptima, en lugar de depender exclusivamente de una única solución. La táctica de los recortes de personal se ha convertido en el «martillo dorado» de la cadena de tiendas, y ha pasado a ser la herramienta única y predominante para abordar cualquier desafío financiero, a pesar de las evidencias de que puede no ser la solución más efectiva ni sostenible a largo plazo.

Peter Senge, conocido por su trabajo en el campo del aprendizaje organizacional, es el autor del influyente libro *La Quinta Disciplina*. Senge es reconocido por su enfoque en el pensamiento sistémico, el cual enfatiza la comprensión de cómo los sistemas complejos funcionan y cómo las partes de un sistema interactúan entre sí. Sus ideas han tenido un impacto significativo en la gestión empresarial y en la forma en que las empresas abordan la innovación, el cambio organizacional y la mejora continua.

El pensamiento sistémico trata de ver el mundo como si fuera un gran rompecabezas, donde todas las piezas están conectadas. Imagina que tuvieras que armar un rompecabezas gigante con muchas piezas, pero estas piezas no tienen una sola forma fija, sino que están todas unidas y se afectan entre sí. Por ejemplo, en una tienda, si la gerencia decide contratar menos personal para ahorrar dinero, eso puede afectar a la calidad del servicio al cliente, lo que a su vez puede hacer que menos personas compren en esa tienda. Es como una hilera de fichas de dominó: si derribas una ficha, afecta a las demás y hace que todas caigan en cadena.

El pensamiento sistémico implica ver las interconexiones entre las partes de un sistema en lugar de analizar cada parte por separado. Se enfoca en comprender cómo las diferentes partes interactúan y afectan al sistema en su conjunto, promoviendo una visión más holística y profunda de los problemas y situaciones.

El pensamiento sistémico es fundamental para comprender las interrelaciones complejas entre las horas de personal de ventas, la tasa de conversión, las ventas y el beneficio en una cadena de tiendas. Veamos:

- **Horas de personal de ventas:** La cantidad de personal disponible afecta directamente a la capacidad de brindar atención y servicio a los clientes. Más horas de personal podrían implicar una mayor disponibilidad para atender a los clientes y ofrecer un mejor servicio.

- **Tasa de conversión:** La tasa de conversión está estrechamente relacionada con la calidad del servicio y la interacción entre el personal y los clientes. Si hay suficiente personal para atender a los clientes, es probable que la tasa de conversión aumente debido a una mejor experiencia de compra.

- **Ventas:** Las ventas están influenciadas directamente por la tasa de conversión y la capacidad del personal para satisfacer las necesidades de los clientes. Una alta tasa de conversión generalmente se traduce en mayores ventas.

- **Beneficio:** El beneficio final está vinculado a las ventas y los costes asociados, incluidos los costes laborales. Un aumento en las ventas no siempre se traduce directamente en un aumento de beneficios si los costes operativos, como el personal, no se manejan eficientemente. Es esencial encontrar el equilibrio entre la optimización del personal para aumentar las ventas y controlar los costes para mantener o hacer crecer el beneficio.

Las interrelaciones entre estas variables son bidireccionales y complejas. Más personal disponible puede mejorar la atención al cliente, aumentando la probabilidad de ventas. Sin embargo, si la tienda presenta un exceso de personal, esto podría resultar en costes adicionales sin un aumento proporcional en las ventas. Una tasa de conversión más alta tiende a traducirse en mayores ventas si se mantiene la calidad del servicio, pero factores externos también pueden influir en las ventas. Además, es esencial encontrar el equilibrio entre la optimización del número de vendedores que ayudará a aumentar las ventas y controlar los costes para mantener un beneficio saludable.

Un enfoque holístico implicaría considerar todas estas interrelaciones en su conjunto, reconociendo que cualquier cambio en una variable podría tener efectos tanto directos como indirectos en otras partes del sistema. Se trata de comprender el panorama general y encontrar un equilibrio óptimo que optimice el rendimiento global de la cadena de tiendas.

Dentro del pensamiento sistémico existe un efecto de circularidad y contamos con dos tipos de bucles de realimentación. Comprender estos bucles es fundamental para abordar problemas y tomar decisiones estratégicas dentro de un contexto sistémico:

1. **Bucle de realimentación positiva:** También conocido como refuerzo o amplificación, este tipo de bucle impulsa un cambio en una dirección específica. Por ejemplo, en una empresa, si la publicidad genera más (o menos) ventas y estas generan más (o menos) fondos para publicidad, se crea un ciclo de crecimiento (o disminución).

2. **Bucle de realimentación negativa:** Se trata de un mecanismo autorregulador que tiende a estabilizar o mantener un sistema dentro de ciertos límites. Por ejemplo, en un sistema de control de inventario, si las existencias disminuyen por debajo de un umbral, se activa un pedido de reposición para mantener un nivel estable. Este bucle busca equilibrar el sistema y evitar excesos o carencias.

La reducción de personal como solución a la caída del beneficio de una cadena de tiendas puede degenerar en un bucle de realimentación positiva que crea un ciclo de disminución. El recorte de horas de personal lleva a tener menos vendedores disponibles en la tienda en un momento dado. Con menos personal, la calidad del servicio al cliente disminuye lo que resulta en una bajada aún mayor en la tasa de conversión, lo que lleva a una caída de las ventas. Las ventas más bajas pueden interpretarse como una señal para la gerencia de que se necesita reducir aún más los gastos, lo que conduce a una nueva disminución en las horas de los vendedores. Este ciclo continúa, con cada reducción de horas de personal causando una bajada en las ventas, lo que lleva a nuevas reducciones. Este es un bucle de realimentación positiva que amplifica el efecto inicial de la reducción de personal, creando un ciclo descendente en la tienda que afecta negativamente tanto a las ventas como a los beneficios del negocio.

Utilizar análisis estadísticos y métricas clave, como la correlación entre el número de clientes atendidos por vendedor y las tasas de conversión, proporciona una comprensión más profunda y precisa de cómo el personal afecta directamente al rendimiento de la tienda. En lugar de seguir reduciendo el personal sin consideración, este enfoque busca determinar el equilibrio óptimo entre el número de vendedores y la capacidad para atender a los clientes de manera efectiva. Encontrar este punto óptimo implica evaluar no solo los costes del personal, sino también cómo esos costes afectan directamente al rendimiento y a las ganancias de la tienda. Al tomar decisiones basadas en datos y considerando el equilibrio entre el margen de ventas y los costes asociados al personal, se busca maximizar los beneficios sin comprometer la calidad del servicio al cliente. Este enfoque más holístico y basado en datos ayuda a evitar la trampa de utilizar una única solución, permitiendo una toma de decisiones más informada y estratégica para el negocio.

Una vez estabilizado este sistema, para mejorar la conversión a niveles óptimos de atención al cliente con los mismos recursos de personal, hay varias estrategias y enfoques que podrían ser útiles. Aquí te dejo algunas ideas:

- **Capacitar al personal para mejorar sus habilidades de venta, comunicación y servicio al cliente puede marcar una gran diferencia.** Esto puede incluir técnicas de ventas efectivas, manejo de objeciones, empatía con el cliente y conocimiento profundo de los productos.

- **Utilizar datos sobre el comportamiento y las preferencias de los clientes para personalizar la experiencia de compra.** Esto implica comprender las necesidades individuales de los clientes y adaptar las recomendaciones de productos o el servicio según sus intereses específicos.

- **Revisar y optimizar los procesos internos puede ayudar a mejorar la eficiencia.** Desde el manejo del inventario hasta la disposición de la tienda y los procedimientos de pago, encontrar formas de agilizar estos procesos puede liberar tiempo para que los vendedores se enfoquen más en la interacción con los clientes.

- **Implementar sistemas o herramientas que faciliten la interacción y el conocimiento del cliente.** Por ejemplo, sistemas de gestión de relaciones con el cliente (CRM) que proporcionen información rápida sobre preferencias anteriores del cliente, historial de compras, etc.

- **Establecer sistemas de incentivos o reconocimiento que impulsen a los empleados a mejorar su desempeño en la conversión.** Esto podría ser a través de incentivos monetarios, reconocimiento público o creación de un ambiente de trabajo positivo y motivador.

Estas estrategias pueden ayudar a desplazar la curva de conversión óptima, permitiendo que el equipo de ventas maximice su rendimiento incluso con recursos de personal similares, al mejorar la eficacia y la eficiencia en la interacción con los clientes.

PASA A LA ACCIÓN

Esta dinámica permite que el equipo reflexione sobre cada parte del sistema y encuentre áreas específicas en las que puedan colaborar para mejorar su desempeño y alcanzar resultados exitosos. Imagina que somos como un árbol. ¿Dónde podemos mejorar como equipo para mantener vivo y próspero este árbol?

1. Raíces (Conocimientos y motivación): ¿Qué habilidades o conocimientos adicionales podríamos adquirir para fortalecer nuestras raíces? ¿Qué nos motiva como equipo y qué podemos hacer para mantenernos motivados?

2. Tronco (Procesos): ¿Qué procesos actuales podríamos mejorar para fortalecer nuestro tronco como equipo de ventas? ¿Hay alguna herramienta o método nuevo que podríamos implementar para mejorar la eficiencia en nuestros procesos de ventas?

3. Ramas (Clientes): ¿Qué podemos hacer para comprender mejor las necesidades y deseos de nuestros clientes? ¿Cómo podemos mejorar la relación con nuestros clientes existentes? ¿Qué estrategias podríamos implementar para expandir nuestra base de clientes potenciales?

4. Frutos (Resultados): ¿Cuáles son nuestros objetivos como equipo y cómo podemos trabajar juntos para alcanzarlos? ¿Qué métricas podríamos utilizar para medir nuestros resultados como equipo de ventas? ¿Cómo podemos celebrar y reconocer los logros alcanzados como equipo?

DISEÑO

 ## Desplazar

¿CÓMO ELIMINAR LAS BARRERAS EN EL PROCESO DE VENTA?

Vamos a trasladarnos por un momento a un aeropuerto tan bullicioso como el de Schiphol, en Ámsterdam. Un lugar lleno de viajeros con prisa, equipajes y, sí, baños muy concurridos. En un aeropuerto, cada detalle importa, incluso en los baños. ¿Sabías que en el aeropuerto de Schiphol se enfrentaron a un problema bastante común en los baños masculinos? Sí, la salpicadura fuera del urinario era un problema molesto, y lo solucionaron de una manera sorprendentemente ingeniosa. No cambiaron los urinarios ni implementaron equipos de limpieza especiales. Lo que hicieron fue bastante simple y efectivo. Colocaron adhesivos en forma de moscas en el interior de los urinarios. Sí, ¡moscas! Ahora, te preguntarás, ¿cómo puede una mosca pegada en un urinario marcar la diferencia? Dirigir la atención hacia la mosca llevó a los usuarios a apuntar más cuidadosamente, reduciendo significativamente la salpicadura fuera del urinario. Y lo más interesante es que esto no solo mantuvo los baños más limpios, sino que también ayudó a ahorrar en costes de limpieza. Increíble, ¿verdad? Este es solo un ejemplo de cómo pequeños cambios en nuestro entorno pueden tener un gran impacto en nuestro comportamiento.

Richard Thaler es un economista estadounidense reconocido por su trabajo pionero en el campo de la economía conductual. Su trabajo se centra en la idea de que los seres humanos no siempre actúan de manera completamente racional, como se asumía en la teoría económica tradicional. Una de las contribuciones más importantes de Thaler es el desarrollo, junto con Cass Sunstein, del concepto de *nudge*, un término que se refiere a intervenciones suaves que pueden influir en las decisiones de las personas sin coaccionarlas. Estos *nudges* o «empujoncitos» han sido aplicados en políticas públicas, marketing y diseño de políticas para mejorar las decisiones individuales y colectivas. En 2017, Thaler fue galardonado con el Premio Nobel de Economía por su contribución pionera a la economía conductual, reconociendo así su trabajo innovador en integrar la psicología y la economía para comprender mejor el comportamiento económico.

En el libro *Nudge: Improving Decisions About Health, Wealth, and Happiness*, Richard Thaler y el coautor Cass Sunstein, presentan un ejemplo clásico que ilustra claramente el concepto de *nudge* en el diseño de la cafetería en una universidad. Ambos autores describen cómo la disposición de los alimentos en una cafetería puede influir en las decisiones de alimentación de las personas. En esa universidad, se observó que los alimentos poco saludables estaban más accesibles y visibles para los clientes cuando estaban tomando su comida, mientras que las opciones más saludables estaban en lugares menos destacados. Para aplicar un *nudge*, rediseñaron la cafetería y colocaron las frutas frescas y opciones más saludables en posiciones más llamativas y colocaron los alimentos menos saludables en lugares menos visibles. Además, pusieron las bebidas azucaradas en refrigeradores detrás del mostrador, haciendo que fuera necesario pedirlas explícitamente. El resultado fue que, sin prohibir opciones, más personas optaron por las propuestas más saludables simplemente porque eran más visibles y accesibles. Esto ilustra cómo el diseño del entorno puede influir en las decisiones de las personas sin coaccionarlas, aprovechando sus tendencias naturales de elección basadas en la facilidad y la visibilidad de las opciones. Este es un ejemplo clásico de cómo un pequeño cambio en la presentación de un producto puede tener un gran impacto en el comportamiento sin restringir la libertad de elección.

Los nudges pueden clasificarse en diferentes categorías según su enfoque y objetivo. Estas son algunas de las tipologías más comunes:

- **De información:** Se centran en proporcionar información clara y accesible para influir en las decisiones. Pueden incluir etiquetas informativas, comparaciones visuales o datos relevantes para ayudar a tomar decisiones.
- **De presentación:** Referidos a cambios en la forma en que se presentan las opciones. Por ejemplo, la disposición de los productos en un supermercado o el diseño de una página web pueden influir en las elecciones de las personas.
- **Predeterminados:** Aprovechan la tendencia humana a quedarse con las opciones predeterminadas. Configurar una opción como predeterminada puede influir significativamente en la elección de las personas sin restringir su libertad de elección.
- **De incentivos:** Basados en la modificación de incentivos para influir en el comportamiento. Por ejemplo, ofrecer recompensas, descuentos o beneficios adicionales para fomentar ciertos comportamientos.
- **De diseño:** Implican cambios en el entorno físico o digital para facilitar o dificultar ciertos comportamientos. Esto puede incluir desde la disposición de las áreas de trabajo hasta el diseño de aplicaciones o plataformas digitales.
- **Sociales:** Centrados en influir en el comportamiento mediante la observación y la influencia de normas sociales. Por ejemplo, mostrar el comportamiento común de otras personas o destacar lo que la mayoría está haciendo puede influir en las decisiones individuales.

- **De facilidad:** Buscan hacer que ciertos comportamientos sean más fáciles de realizar. Reducen las barreras o fricciones para que las personas adopten comportamientos deseados.

Veamos ahora el caso de Nekane, una vendedora de una tienda de moda, que a la hora de realizar su tarea con los clientes descuida algunos aspectos importantes: se olvida de saludar a los clientes cuando entran a la tienda, no se atreve a preguntarles para indagar sobre sus necesidades porque tiene miedo al rechazo por parte de los clientes, no ofrece venta complementaria porque piensa que podría resultar molesta, no aprovecha el momento del pago para reforzar la elección de los clientes y tampoco saluda con una sonrisa ni acompaña a los clientes para despedirse de manera amable. ¿Qué acciones concretas podríamos utilizar como nudges en cada una de estas faltas de ejecución de Nekane?

Podemos pensar en acciones específicas que podrían ayudar a mejorar las interacciones de Nekane con los clientes en cada uno de esos puntos:

1. **Saludo al entrar a la tienda:** Colocar un letrero visible en la entrada que invite a los clientes a sentirse bienvenidos y que indique que el personal está disponible para ayudarles. Esto puede incentivar a Nekane a saludar a los clientes al entrar, recordándole la importancia de esa interacción inicial (diseño).

2. **Indagar sobre las necesidades de los clientes:** Brindar a Nekane un entrenamiento o guía específica con preguntas abiertas para entender las necesidades de los clientes sin presionarlos. Esto puede aumentar su confianza para iniciar conversaciones sin temor al rechazo (capacitación).

3. **Ofrecer venta complementaria:** Implementar un sistema de incentivos o reconocimiento para empleados que logren rea-

lizar ventas complementarias de manera exitosa. Esto puede motivar a Nekane a ofrecer productos adicionales de manera natural y sin presionar a los clientes (incentivo).

4. **Reforzar la elección durante el pago:** Colocar tarjetas o pequeños mensajes de agradecimiento en la zona de pago. Esto puede recordar a Nekane la importancia de reforzar la elección del cliente y brindar un momento adicional para expresar gratitud (diseño visual).

5. **Despedida amable y acompañamiento a la puerta:** Establecer una rutina o *checklist* para los vendedores, que incluya el acompañamiento a la puerta como parte de la despedida estándar. Esto puede ayudar a Nekane a incorporar este paso como parte de su proceso de atención al cliente (rutina).

Ya sabemos que el desempeño efectivo de los equipos de venta es crucial para el éxito de una empresa. Sin embargo, para alcanzar su máximo potencial, los vendedores deben superar barreras físicas, mentales y emocionales que pueden afectar a su motivación y eficacia en la labor comercial. Aquí es donde los *nudges* emergen como herramientas clave para transformar el entorno laboral y potenciar el desempeño de los equipos de venta en tiendas físicas.

En primer lugar, podemos abordar la eliminación de barreras físicas, como la disposición del espacio de trabajo. Un simple cambio en la disposición de los productos puede mejorar la accesibilidad y comodidad para los vendedores, permitiéndoles enfocarse en la interacción con los clientes en lugar de lidiar con obstáculos físicos. Al colocar productos estratégicamente o diseñar áreas de prueba más atractivas, se promueve un ambiente laboral más eficiente y cómodo. También debemos proporcionar un espacio de trabajo limpio, organizado y funcional. Un entorno físico bien cuidado puede aumentar la comodidad y la productividad. Adicionalmente, suministrar a los vendedores las herramientas adecuadas y tecnología actualizada que faciliten su trabajo. Esto incluye sistemas de punto de venta eficientes, dispositivos modernos, etc.

Además, podemos impactar en la reducción de barreras mentales que afectan a la confianza y la motivación de los equipos de venta. Al proporcionar información clara sobre los productos o implementar sistemas de incentivos basados en logros alcanzados, se fomenta la confianza y el compromiso de los vendedores. Asimismo, estrategias de reconocimiento por logros individuales y colectivos pueden elevar la autoestima y motivación del equipo. Ofrecer oportunidades de capacitación y desarrollo profesional mediante programas de formación continua ayuda a los vendedores a sentirse valorados y les permite mejorar sus habilidades sin olvidarnos de que establecer expectativas claras y realistas sobre las responsabilidades y metas reduce la incertidumbre y el estrés relacionado con las tareas laborales.

En el plano emocional, los *nudges* pueden desempeñar un papel fundamental al crear un ambiente laboral más colaborativo y positivo. La cultura empresarial influye significativamente en la satisfacción laboral y el rendimiento. La implementación de programas de bienestar, que incluyan actividades de gestión del estrés o apoyo en momentos difíciles, puede fortalecer el bienestar emocional de los vendedores. Todo esto fomenta un ambiente de trabajo positivo y colaborativo y es obvio que el bienestar emocional de las personas influye directamente en su productividad.

Antes de iniciar el proceso de crear un *nudge* debemos comprender claramente el comportamiento que se busca influir y evaluar el entorno y las circunstancias en las que se produce el comportamiento. Esto incluye comprender los factores que lo influencian, como la cultura, el entorno físico, las interacciones sociales, entre otros. También es imprescindible establecer claramente qué se espera lograr con este cambio de conducta y elegir el más adecuado según el comportamiento y contexto específico.

Una vez ideado realizaremos pruebas piloto o prototipos en un entorno controlado para evaluar su efectividad para, después, implementar el *nudge* en el entorno deseado y hacer un seguimiento continuo de su impacto en el comportamiento. Es importante estar atento a posibles efectos no deseados o cambios imprevistos. La mejora continua es clave para maximizar la efectividad de estas intervenciones. Cada paso del proceso requiere atención y comprensión del contexto y del comportamiento que se desea influir. La iteración y la adaptación son esenciales para el éxito de estas acciones.

El empleo estratégico de los *nudges* en las tiendas puede marcar la diferencia en la experiencia del cliente, las cifras de ventas y el bienestar general de los colaboradores. Teniendo en cuenta el potencial a la hora de eliminar barreras y mejorar significativamente el desempeño de los equipos comerciales, te invito a explorar cómo estas pequeñas pero impactantes intervenciones pueden ser implementadas en las tiendas, creando un entorno laboral más efectivo y estimulante para tus vendedores.

PASA A LA ACCIÓN

Esta dinámica permitirá que el equipo identifique obstáculos concretos, establezca metas claras, defina acciones específicas y fomente actitudes positivas para avanzar hacia el éxito conjunto. Así funciona paso a paso:

1. Explica la dinámica y sus objetivos; identificar obstáculos (anclas), definir metas (isla con palmeras), establecer acciones (velas del barco) y resaltar actitudes positivas (sol).

2. Pide al equipo que identifique, en silencio y por escrito, los obstáculos que limitan su desempeño y resultados y el nivel en que se encuentra: equipo, organización o entorno. Pegar las notas adhesivas en las anclas.

3. Selecciona las anclas relacionadas únicamente con el nivel del equipo.

4. Solicita que transformen cada ancla en una meta alcanzable. Escribir una meta en cada nota adhesiva de otro color. Coloca las metas en la isla con las palmeras.

5. Para cada meta seleccionada, pide al equipo que proponga acciones específicas que pueden llevar a cabo para alcanzarla. Escribe estas acciones en notas adhesivas y colócalas en las velas del barco.

6. Abre reflexión sobre las actitudes o comportamientos positivos que ayudarán al equipo a alcanzar las metas. Escribir estas actitudes en notas adhesivas y colocarlas cerca del sol.

7. Concluye reforzando el compromiso del equipo para trabajar en las acciones identificadas.

Divertir

¿CÓMO HACER MÁS DIVERTIDA LA TAREA DE VENDER?

Es poco realista asumir que todos los vendedores llegan al trabajo emocionados por vender y contribuir al éxito de su tienda. Mi experiencia me ha demostrado que, para muchos, la emoción de un trabajo nuevo desaparece después de solo unos meses. Vender los mismos muebles, camisetas o equipos de sonido todos los días puede volverse aburrido. Y hacer tareas aburridas no es divertido ni desafiante. Las acciones aburridas no brindan a las personas las oportunidades que necesitan para disfrutar de un sentido de logro o cumplimiento. Si tus vendedores ven el trabajo solo como una fuente de ingresos y nunca como una fuente de satisfacción, disfrute o diversión, entonces el deseo de dar lo mejor de sí mismos desaparecerá a la velocidad de la luz.

El concepto del *homo ludens* se refiere a la noción de que el ser humano es, por naturaleza, un jugador. Propuesto por el historiador Johan Huizinga en su libro *Homo ludens: Ensayo sobre la función social del juego*, Huizinga sugiere que el juego es una actividad fundamental en la cultura y la sociedad humana. El término se deriva del latín y se traduce como «hombre que juega». Huizinga argumenta que el juego es una parte esencial de la experiencia humana, no solo en términos de entretenimiento, sino también en términos de cómo se forman las estructuras sociales, las reglas, la competencia y la creatividad. Según su teoría, el juego es una actividad que trasciende la mera diversión; es una forma en que los seres humanos interactúan, aprenden, establecen normas y expresan su creatividad. Esta idea sugiere que el juego no es solo un pasatiempo, sino una actividad profundamente arraigada en la naturaleza y la cultura humanas.

La teoría divertida, o *Fun Theory*, es una idea que propone que las personas pueden ser influenciadas positivamente a través de experiencias divertidas para cambiar su comportamiento. Un ejemplo famoso es la iniciativa de las «escaleras piano» en el metro de Estocolmo. Convirtieron los peldaños de las escaleras peatonales de salida del metro en teclas de un piano gigante que reproducían notas musicales al ser pisadas. Esto animó a la gente a usar las escaleras en lugar de las mecánicas, fomentando el ejercicio físico y el entretenimiento mientras se desplazaban. La idea fue presentada por primera vez por Volkswagen en colaboración con la agencia de publicidad DDB Estocolmo en 2009. Fue parte de una campaña publicitaria que buscaba promover la idea de que el cambio de comportamiento puede ser influenciado positivamente mediante experiencias divertidas y emocionantes. Fue un ejemplo exitoso de cómo algo divertido puede alterar el comportamiento humano para mejor.

La *Fun Theory* ha inspirado varias iniciativas creativas alrededor del mundo para cambiar comportamientos. Por ejemplo, contenedores de reciclaje que hacen sonidos divertidos cuando depositas una botella, incentivando así el reciclaje. Otra idea es convertir la actividad de tirar basura en un juego, donde las personas ganan puntos por utilizar los contenedores adecuados. El concepto principal es utilizar la diversión y la creatividad para motivar cambios positivos en el comportamiento humano. Se basa en la premisa de que si algo es divertido o emocionante, es más probable que las personas se comprometan con esa actividad, incluso si se trata de algo tan simple como tomar las escaleras en lugar del ascensor. La teoría se apoya en el principio de que los incentivos emocionales y lúdicos pueden ser poderosos impulsores del cambio conductual.

DISEÑO

Los incentivos emocionales en el cambio conductual se centran en aprovechar las emociones positivas o el disfrute personal para motivar a las personas a adoptar nuevos comportamientos. En lugar de depender únicamente de incentivos materiales o económicos, se enfocan en aspectos emocionales y psicológicos. Por ejemplo, la sensación de logro al superar un desafío o la satisfacción de contribuir a una causa pueden ser poderosos incentivos emocionales. Cuando se relacionan con el cambio conductual, estas emociones pueden impulsar a las personas a actuar de cierta manera, ya sea adoptando hábitos más saludables, participando en actividades sociales o contribuyendo al medio ambiente.

La diversión y el entretenimiento también juegan un papel importante. La introducción de elementos lúdicos, como la gamificación o experiencias interactivas, puede hacer que ciertas acciones sean más atractivas y emocionantes. Por ejemplo, convertir tareas mundanas en juegos o desafíos puede motivar a las personas a realizar esas tareas de manera más diligente o regular.

Para implementar la *Fun Theory* en el trabajo de los vendedores de una tienda, se pueden aplicar varias acciones que hagan que la experiencia laboral sea más atractiva y motivadora:

- **Gamificación de objetivos:** Convertir la consecución de metas de ventas en un juego. Esto puede incluir recompensas para los mejores vendedores, o incluso desafíos y competiciones amistosas entre el personal.
- **Recompensas creativas:** En lugar de simplemente otorgar bonificaciones económicas, se pueden ofrecer premios divertidos o experiencias interesantes por alcanzar ciertos objetivos. Podrían ser desde tarjetas de regalo para restaurantes locales hasta un día libre adicional.
- **Experiencias interactivas para clientes:** Implementar actividades lúdicas para los clientes dentro de la tienda, como

juegos o muestras interactivas, que no solo atraigan a más personas, sino que también hagan que los vendedores se sientan más involucrados.

- **Entorno de trabajo dinámico:** Crear un ambiente de trabajo más divertido e interactivo, con música alegre, decoración creativa o incluso espacios de descanso temáticos que ayuden a los empleados a disfrutar de su entorno laboral.
- **Celebración de logros:** Reconocer públicamente los éxitos individuales y del equipo, ya sea a través de premios, menciones en reuniones de personal o, incluso, mediante pequeñas celebraciones dentro del lugar de trabajo.

Introducir el juego en el entorno laboral puede tener varios beneficios. Los juegos pueden inspirar nuevas ideas y enfoques a los problemas laborales, promoviendo la creatividad y la innovación. Además, pueden fortalecer la colaboración, la comunicación y la cohesión entre colegas, lo que puede mejorar el rendimiento en proyectos conjuntos. El juego en el trabajo puede mejorar el compromiso de los empleados y su motivación al ofrecer un ambiente más dinámico y divertido. Proporcionar un ambiente más relajado y divertido puede ayudar a reducir el estrés laboral, lo que a su vez puede aumentar la productividad. Para introducir el juego en el ambiente laboral, se pueden implementar diversas estrategias:

- **Juegos de mesa o rompehielos:** Organizar juegos de mesa o actividades simples al comienzo o final de las reuniones para fomentar la interacción y la relajación.
- **Juegos de equipo:** Implementar juegos que fomenten la colaboración y la resolución de problemas en equipo, como escape rooms o desafíos de construcción.
- **Gamificación de tareas:** Convertir tareas laborales en actividades con elementos de juego, como establecer metas

con recompensas o utilizar sistemas de puntos y tablas de clasificación.

- **Espacios de descanso interactivos:** Diseñar áreas de descanso con elementos lúdicos, como juegos de mesa o videojuegos o áreas.

Es importante adaptar los juegos al entorno laboral y a la cultura de la empresa, asegurándose de que no distraigan del trabajo principal, sino que lo complementen y fomenten un ambiente positivo y productivo.

Introducir el juego en un entorno laboral puede ser una excelente estrategia para motivar al equipo, pero es importante considerar algunas precauciones para evitar que genere estrés u otras consecuencias no deseadas. Asegúrate de que la participación en los juegos sea voluntaria. No todos disfrutan de la competencia o la presión adicional de los juegos, por lo que forzar la participación puede causar estrés.

Es imprescindible crear un ambiente inclusivo donde la competencia sea amistosa y no genere rivalidades negativas entre los colegas. Debe ser un espacio donde todos se sientan cómodos y no se sientan juzgados por su desempeño.

Establece objetivos claros y realistas para los juegos. Deben ser desafiantes pero alcanzables, evitando así la presión excesiva para superar metas inalcanzables. Por otro lado, mantén un equilibrio entre el juego y las responsabilidades laborales. No permitas que los juegos se conviertan en una distracción excesiva o quiten tiempo de las tareas importantes.

La gamificación es la aplicación de elementos y mecánicas de juego en contextos no lúdicos, como entornos laborales, educativos o comerciales, para motivar, comprometer y mejorar el rendimiento de las personas. Sus conceptos principales incluyen:

1. **Puntos, insignias o niveles:** Ofrecer recompensas virtuales por logros específicos. Por ejemplo, otorgar puntos por ventas alcanzadas, niveles por metas superadas o insignias por habilidades demostradas.

2. **Competencia y colaboración:** Crear desafíos individuales o grupales que fomenten la competencia saludable entre colegas o la colaboración para alcanzar objetivos comunes.

3. **Feedback constante:** Proporcionar retroalimentación inmediata sobre el rendimiento y el progreso hacia metas o logros.

4. **Metas claras y desafiantes:** Establecer objetivos desafiantes pero alcanzables, dividiéndolos en hitos más pequeños para mantener la motivación a largo plazo.

5. **Narrativa o historia:** Crear una historia o un contexto que motive a los empleados, generando un ambiente más inmersivo y emocionante.

La clave para implementar la gamificación de manera efectiva en entornos laborales es asegurarse de que los elementos de juego estén alineados con los objetivos del negocio y que motiven a los empleados a mejorar su rendimiento y compromiso sin generar estrés o competencia excesiva.

Un beneficio adicional de organizar concursos y juegos, especialmente juegos en equipo, proviene del proceso de socialización. El proceso de formar equipos con otros y trabajar hacia un objetivo común fomenta la cooperación y mejora la comunicación. Las personas aprenden a compartir ideas y sentimientos entre sí, volviéndose sensibles a las fortalezas y debilidades de los demás. Algunos de los mejores juegos son juegos en equipo. Solo observa el comportamiento de un grupo de personas divididas en dos equipos separados. Las mismas personas que tal vez no eran amigas antes, cuando se colocan en el mismo equipo, de repente no se comunican con nadie más que sus compañeros de equipo. Se esfuerzan por ayudarse mutuamente. Se apoyan durante la duración del juego, y también se conocen mejor.

Aquí tienes algunas ideas de juegos para equipos de venta en tiendas:

- **Caza del tesoro en la tienda:** Crea pistas o desafíos relacionados con productos o áreas de la tienda. Divide al equipo en grupos y da pistas para que encuentren ciertos artículos. El primer equipo que complete la lista gana.

- **Role playing:** Asigna roles específicos a cada miembro del equipo, como «cliente difícil», «nuevo vendedor», «cliente indeciso», y así sucesivamente. Los participantes deben interactuar y resolver situaciones de ventas según sus roles.

- **Desafío de ventas por objetivos:** Establece objetivos de ventas individuales o grupales y ofrece recompensas o reconocimientos especiales al alcanzar ciertos niveles.

- **Concurso de recomendaciones de productos:** Incentiva a los empleados a promocionar ciertos productos entre sí o a los clientes. Quien logre más ventas o recomendaciones específicas gana un premio.

- *Trivial* de productos: Organiza una competencia de conocimientos sobre los productos de la tienda. Puedes hacer preguntas sobre características, usos o beneficios. El equipo con más respuestas correctas gana.

PASA A LA ACCIÓN

Aquí tienes una dinámica colaborativa para diseñar un juego de gamificación basado en la historia de una nave espacial y sus objetivos de ventas. Al involucrar al equipo en la creación de este juego, se fomenta la colaboración y el compromiso con el proceso de gamificación:

1. Reúne al equipo de ventas y preséntales la historia de una nave espacial que busca alcanzar su destino lejano a través de metas de ventas.

2. Invita al equipo a proponer niveles que representen hitos en el viaje de la nave. Por ejemplo: «Explorador espacial», «Piloto cósmico», «Comandante galáctico», etc. Discute y acuerda la cantidad de puntos que se otorgarán por cada venta, venta adicional, logro especial, etc.

3. Pide al equipo que imagine misiones o desafíos que la tripulación de la nave deba superar para avanzar en su viaje. Por ejemplo: conseguir 5 ventas adicionales en un día.

4. Establece qué recompensas se otorgarán al alcanzar cada nivel. Define qué bonificaciones o premios se entregarán al finalizar ciertos periodos a aquellos que logren ciertos niveles o misiones especiales.

5. Decide cómo se llevará el seguimiento del progreso y la participación de cada miembro del equipo.

 El Lado Oscuro

¿CÓMO LOS PROCESOS PERJUDICAN LA TAREA DE VENDER?

El modelo tradicional de gestión empresarial ha sido durante mucho tiempo sinónimo de jerarquías rígidas, procesos burocráticos y toma de decisiones centralizada. Sin embargo, este enfoque, con el paso del tiempo, ha demostrado ser cada vez más obsoleto y limitante en el panorama empresarial actual. La excesiva jerarquía y rigidez del modelo tradicional de gestión ha creado barreras significativas para la innovación, la adaptabilidad y el rendimiento empresarial. Las decisiones, relegadas a unos pocos en la cima de la jerarquía, han ralentizado la capacidad de las empresas para adaptarse rápidamente a los cambios del mercado y satisfacer las demandas cambiantes de los clientes.

En un mundo empresarial caracterizado por cambios vertiginosos, la competitividad feroz y la emergencia de nuevas generaciones en el mercado laboral, el modelo tradicional se vuelve insostenible. Las nuevas generaciones buscan entornos laborales más flexibles, colaborativos y con un propósito claro, mientras que la velocidad del cambio en el mercado demanda respuestas rápidas y adaptativas. Ante este panorama, surge la necesidad de un cambio de mentalidad en la gestión empresarial. El paso hacia un modelo más ágil y adaptable se vuelve imperativo. Este nuevo enfoque está arraigado en la idea de descentralizar el poder, otorgar mayor autonomía a los empleados y fomentar una cultura de colaboración, aprendizaje continuo y toma de decisiones distribuida.

Gary Hamel, en su libro *Humanocracia*, propone este nuevo modelo de gestión. Se busca eliminar las jerarquías rígidas, permitiendo que cada individuo en la organización tenga voz y voto en la toma de decisiones pertinentes a su trabajo. Esto conduce a una mayor agilidad, innovación y compromiso por parte de los empleados, lo que a su vez impulsa la competitividad y el crecimiento empresarial. El concepto opuesto a la humanocracia sería una estructura organizativa tradicional y jerárquica, donde el poder y la toma de decisiones se concentran en las manos de unos pocos en la cima de la jerarquía. Este modelo se caracteriza por líneas de autoridad rígidas, comunicación de arriba hacia abajo y limitada autonomía para los empleados en la toma de decisiones. Este enfoque tradicional puede ser menos ágil, menos innovador y limitar la participación de los empleados en la dirección estratégica de la empresa.

El estilo tradicional en un equipo de ventas puede tener varios perjuicios, como:

- **Falta de agilidad:** La rigidez en la toma de decisiones puede hacer que la adaptación a cambios en el mercado sea lenta, perdiendo oportunidades importantes de ventas o de satisfacción del cliente.
- **Menor motivación y compromiso:** La limitada autonomía y participación en la toma de decisiones pueden disminuir la motivación de los empleados, lo que podría afectar su compromiso con el trabajo y la calidad del servicio al cliente.
- **Menor capacidad de respuesta:** Al depender en gran medida de la jerarquía para la resolución de problemas, la capacidad de respuesta a las necesidades inmediatas de los clientes puede verse obstaculizada.
- **Falta de innovación:** La ausencia de un entorno que fomente la colaboración y la generación de ideas puede limitar la

innovación en términos de estrategias de ventas y mejoras en el servicio.

En resumen, el modelo tradicional puede dar como resultado una organización menos ágil, con empleados potencialmente menos comprometidos y una capacidad reducida para adaptarse a los cambios del mercado o satisfacer las demandas cambiantes de los clientes.

La transformación hacia una mentalidad más ágil y adaptable se vuelve cada vez más crucial debido a varios factores. La velocidad del cambio en el entorno empresarial actual es cada vez mayor. Las tecnologías emergentes, la globalización y las dinámicas del mercado evolucionan rápidamente, lo que requiere que las empresas sean más ágiles para adaptarse y aprovechar las oportunidades que se presentan. Por su parte, la competencia es feroz en prácticamente todos los sectores. Las empresas que pueden adaptarse rápidamente a las necesidades del mercado, innovar de manera efectiva y satisfacer las demandas de los clientes tienen una ventaja significativa. Los clientes tienen expectativas cada vez más altas en términos de productos, servicios y experiencias. Las empresas necesitan adaptarse para satisfacer estas demandas cambiantes y ofrecer soluciones ágiles y personalizadas.

La capacidad de innovar constantemente es esencial para mantenerse relevante. Las empresas ágiles pueden probar y lanzar nuevas ideas más rápidamente, lo que les permite mantenerse a la vanguardia de la innovación en su sector. Con la llegada de nuevas generaciones al mercado laboral, como los *millennials* y la generación Z, hay una preferencia por entornos de trabajo más flexibles, colaborativos y con mayor propósito. Las empresas ágiles pueden atraer y retener mejor a estos talentos emergentes. En resumen, la necesidad de esta transformación radica en la capacidad de las empresas para sobrevivir y prosperar en un entorno empresarial dinámico y altamente competitivo. Adaptarse a este cambio es crucial para mantener la relevancia, la eficiencia operativa y la capacidad de satisfacer las necesidades en constante evolución de los clientes y empleados.

El cambio de mentalidad hacia la agilidad implica un cambio fundamental en la forma en que las empresas y sus empleados ven el trabajo, la toma de decisiones y la colaboración. Aquí hay algunas formas prácticas de llevar esto a cabo:

1. **Cultura de experimentación:** Fomentar un ambiente donde se permita y se celebre el aprendizaje a través de la experimentación. Esto implica permitir el fracaso como parte del proceso de aprendizaje, alentando a los equipos a probar nuevas ideas sin temor a represalias por posibles errores.

2. **Empoderamiento y autonomía:** Otorgar a los empleados mayor autonomía y responsabilidad para tomar decisiones. Esto implica descentralizar el poder y permitir que los equipos tomen decisiones pertinentes a su trabajo sin depender en exceso de la aprobación de niveles superiores.

3. **Colaboración multidisciplinar:** Fomentar la colaboración entre equipos y departamentos diversos. Al reunir diferentes perspectivas y habilidades, se puede impulsar la innovación y encontrar soluciones más creativas y efectivas.

4. **Comunicación abierta y transparente:** Establecer canales de comunicación abiertos donde las ideas y la retroalimentación se compartan libremente. Esto puede ser a través de reuniones regulares, herramientas colaborativas en línea o cualquier otro medio que facilite la comunicación fluida.

5. **Enfoque en el cliente:** Cambiar el enfoque de las actividades internas hacia las necesidades y deseos del cliente. Mantener al cliente en el centro de todas las decisiones y acciones,

permitiendo que los equipos se adapten rápidamente a las demandas cambiantes del mercado.

6. **Flexibilidad organizativa:** Estar dispuesto a adaptar la estructura organizativa para permitir equipos más ágiles y autoorganizados. Esto podría incluir la eliminación de burocracias innecesarias y la simplificación de los procesos para permitir una toma de decisiones más rápida.

Estos cambios prácticos en la mentalidad organizativa y en la cultura empresarial pueden ayudar a impulsar una transformación hacia una mentalidad más ágil y adaptable, permitiendo a las empresas responder de manera más efectiva a los desafíos y oportunidades en un entorno empresarial en constante cambio. El momento de abrazar este cambio de mentalidad y adoptar modelos de gestión más ágiles es ahora. Si eres el líder de tu equipo de ventas, te invito a considerar seriamente este enfoque, reconociendo su potencial para catalizar la innovación, mejorar la competitividad y crear entornos laborales más inspiradores y productivos para todas las generaciones de vendedores involucradas.

Pocas palabras bastan

El éxito en el mundo del *retail* radica en la capacidad de simplificar elecciones y priorizar acciones. Al eliminar la complejidad innecesaria y centrarse en las necesidades del cliente, los vendedores pueden ofrecer experiencias más significativas.

El pensamiento sistémico es fundamental para comprender las interrelaciones complejas entre las horas de personal de ventas, la tasa de conversión, las ventas y el beneficio en una cadena de tiendas.

Para alcanzar su máximo potencial, los vendedores deben superar barreras físicas, mentales y emocionales que pueden afectar a su motivación y eficacia en la labor comercial.

El juego en el trabajo puede mejorar el compromiso de los empleados y su motivación al ofrecer un ambiente más dinámico y divertido. Proporcionar un ambiente más relajado y divertido, puede ayudar a reducir el estrés laboral, lo que a su vez puede aumentar la productividad.

Las tecnologías emergentes, la globalización y las dinámicas del mercado evolucionan rápidamente, lo que requiere que las empresas sean más ágiles para adaptarse y aprovechar las oportunidades que se presentan.

INFLUENCIA

A veces no comprendo el comportamiento humano. Solo intento hacer mi trabajo de la forma más eficiente.

C-3PO

Incorporar

¿CÓMO ATRAER AL EQUIPO A LOS MEJORES VENDEDORES?

Sheila, una joven con experiencia en tiendas, busca un cambio profesional dentro del sector del *retail*. Su enfoque para encontrar nuevas oportunidades se centra en el uso de las redes sociales y plataformas específicas de recursos humanos, como *Indeed*, donde encuentra información valiosa sobre empresas que podrían alinear sus expectativas de crecimiento y desarrollo. Como muchos de su generación, busca información detallada más allá de lo que ofrecen las descripciones de trabajo tradicionales. Explora comentarios y reseñas de empleados actuales y pasados en las redes sociales y plataformas de reseñas laborales. Busca señales de cultura empresarial, oportunidades de crecimiento, equilibrio entre vida laboral y personal, así como la percepción general de la empresa como empleador.

Sheila valora tanto los aspectos cualitativos como los cuantitativos al evaluar estas opiniones. Examina el ambiente laboral, la estructura de gestión, la transparencia en la comunicación, las oportunidades de formación y desarrollo, junto con datos objetivos como beneficios, salarios y oportunidades de ascenso. Considerando la tendencia de la generación *millennial* a buscar no solo un trabajo, sino un lugar donde puedan crecer profesional y personalmente, Sheila se asegura de elegir una empresa que le ofrezca un entorno en el que pueda contribuir, aprender y sentirse valorada.

La prueba social es un principio de influencia que se refiere a la tendencia humana a conformarse con las acciones y opiniones de los demás en situaciones ambiguas o desconocidas. Funciona al mostrar que otros ya han tomado una determinada acción o tienen una opinión específica, lo que persuade a las personas a seguir ese ejemplo debido a la creencia en la validez y corrección de esa acción u opinión. Por ejemplo, en el ámbito de la publicidad, se muestra que un gran número de personas ya están usando un producto para convencer a otros de su calidad. En el reclutamiento, se puede utilizar la prueba social al resaltar testimonios o casos de éxito de empleados destacados para atraer a nuevos talentos, mostrando cómo otros han prosperado dentro de la organización.

En su libro *Influencia*, Robert Cialdini presenta varios ejemplos de prueba social, como el estudio en el que se observó que cuando se formaba una línea de personas frente a una máquina expendedora, la gente tendía a unirse a la fila más larga, independientemente de si conocían la calidad de la máquina o no. Esta conducta se basaba en la idea de que, si otros estaban en esa fila, debía ser la correcta. También relata el caso de un hotel que buscaba ahorrar en el coste de lavandería; para ello, colocaron un letrero en las habitaciones que informaba a los huéspedes que la mayoría de las personas que se hospedaban en esa habitación no solicitaban el cambio diario de sus toallas. Esto llevó a un aumento significativo en la cantidad de huéspedes que optaron por reutilizar sus toallas, mostrando cómo la prueba social puede influir en el comportamiento humano.

El sector del *retail* ha sido durante mucho tiempo un punto de entrada para muchas personas en el mundo laboral. Sin embargo, en la actualidad enfrenta desafíos considerables para atraer y retener talento en un mercado laboral en constante cambio. A medida que evolucionan los hábitos de búsqueda de empleo y las prioridades de las nuevas generaciones, las empresas de *retail* deben adaptarse estratégicamente para asegurar su atractivo como empleadores.

INFLUENCIA

Uno de los cambios más significativos reside en la forma en que las nuevas generaciones buscan empleo. Los *millennials* y la generación Z están impulsando un cambio hacia la búsqueda de trabajos que ofrezcan más que simplemente un sueldo. Buscan propósito, desarrollo profesional, flexibilidad y un equilibrio entre vida laboral y personal. Estos cambios en las preferencias requieren que las empresas del *retail* repiensen sus estrategias de reclutamiento y retención de talento.

La marca de empleador se ha vuelto más crucial que nunca. Los candidatos buscan no solo un empleo, sino una empresa que refleje sus valores y ofrezca un entorno acogedor y enriquecedor. Actualmente, los demandantes de empleo investigan a fondo una empresa antes de ofrecerse para prestar sus servicios como trabajador. Para mejorar su marca de empleador, las organizaciones del *retail* deben centrarse en comunicar con claridad su cultura, valores, beneficios y oportunidades de desarrollo profesional. Además, las recomendaciones internas se han convertido en un factor decisivo en la búsqueda de empleo. Las experiencias positivas compartidas por empleados actuales o pasados pueden influir enormemente en la percepción de una empresa. Para aumentar su atractivo, las empresas deben considerar varios escenarios de mejora. La inversión en programas de desarrollo profesional y la implementación de políticas de flexibilidad laboral podrían ser diferenciadores clave. Aquellas empresas que se adapten y aborden estas necesidades emergentes serán las que prosperen en el futuro.

El *funnel* o «embudo de ventas» es un modelo conceptual que representa las etapas por las que pasa un cliente desde que se familiariza con un producto o servicio hasta que realiza una compra. En el contexto de atracción de talento o reclutamiento dentro de una organización, podríamos adaptar este embudo de ventas al *funnel* de atracción de talento. Este proceso secuencial adaptado al reclutamiento ayuda a estructurar y guiar el proceso para atraer y retener talento en una organización. Estas serían sus etapas:

1. **Conciencia:** Aquí se trata de generar conocimiento sobre la organización como empleador atractivo. Podría implicar campañas de marca empleadora, presencia en redes sociales, y participación en eventos o ferias de empleo.

2. **Interés:** Una vez que las personas conocen la empresa, se busca despertar su interés. Se podría ofrecer contenido atractivo sobre la cultura laboral, beneficios, testimonios de empleados y oportunidades de crecimiento profesional.

3. **Consideración:** En esta etapa, los candidatos consideran activamente trabajar en la organización. Se podrían organizar eventos informativos, sesiones de preguntas y respuestas, o visitas a la empresa para que conozcan más a fondo cómo es trabajar allí.

4. **Intención:** Aquí los candidatos muestran una intención clara de querer formar parte de la organización. Se podrían realizar entrevistas más formales, presentar ofertas personalizadas y mostrar casos de éxito dentro de la empresa.

5. **Acción:** Finalmente, este es el momento en que el candidato se une a la empresa. Se realiza la contratación formal y se facilita el proceso de integración para que el nuevo empleado se sienta bienvenido y comprometido desde el principio.

Una vez que las personas se han unido a la empresa, pueden convertirse en embajadores valiosos para atraer nuevo talento. La idea es convertir a los empleados actuales en promotores entusiastas de la empresa, capaces de atraer a otros profesionales cualificados. Algunas compañías han empezado a utilizar programas de referencias donde se recompensa a los empleados que presentan a candidatos que luego son contratados. Esto puede ser a través de bonificaciones financieras, días libres adicionales u otros incentivos atractivos.

Fomentar un entorno donde los empleados se sientan orgullosos de trabajar, celebrar los logros individuales y colectivos, reconocer el buen desempeño y crear oportunidades para que los empleados compartan sus experiencias positivas, genera una cultura de orgullo y pertenencia. De la misma forma, se puede alentar a los empleados a compartir oportunidades laborales en sus propias redes sociales, permitiendo así que sus contactos vean las vacantes disponibles y puedan postularse o recomendar a otros candidatos.

Testimonios voluntarios de empleados satisfechos para compartir en el sitio web de la empresa, en redes sociales o en eventos de reclutamiento pueden ser poderosos para atraer a nuevos talentos. También se pueden organizar eventos donde los empleados actuales puedan invitar a colegas o personas interesadas en saber más sobre la empresa. Estos eventos pueden ser charlas, almuerzos, o actividades de *networking* donde los potenciales candidatos pueden interactuar con los empleados y conocer la cultura de la empresa de primera mano. Todas estas estrategias aprovechan el poder de la satisfacción de los empleados y la cultura empresarial positiva para atraer a nuevos talentos que se ajusten a la visión y valores de la organización.

El eNPS (*Employee Net Promoter Score*) tiene una relación directa con el NPS (*Net Promoter Score*), el cual fue desarrollado por Fred Reichheld y Bain & Company en 2003. El NPS originalmente se utilizó para medir la lealtad de los clientes hacia una marca o empresa, basándose en una simple pregunta: «En una escala del 0 al 10, ¿cuán probable es que recomiendes nuestra empresa/producto/servicio a un amigo o colega?» El eNPS, por otro lado, se aplica específicamente para medir la satisfacción y lealtad de los empleados hacia su empresa como lugar para trabajar. Utiliza una pregunta similar: «En una escala del 0 al 10, ¿cuán probable es que recomiendes esta empresa como un lugar para trabajar?». Los empleados responden esta pregunta y se clasifican en tres categorías:

- **Promotores (9-10):** Son empleados altamente comprometidos y satisfechos que probablemente recomendarían la empresa como un gran lugar para trabajar.
- **Pasivos (7-8):** Empleados neutrales, no tan comprometidos ni insatisfechos, pero podrían ser susceptibles a influencias externas.
- **Detractores (0-6):** Empleados insatisfechos o descontentos que podrían hablar negativamente sobre la empresa.

El cálculo del eNPS se hace restando el porcentaje de detractores al porcentaje de promotores. El resultado del cálculo puede variar desde -100 (si todos son detractores) hasta +100 (si todos son promotores). Un eNPS positivo es generalmente considerado como un buen indicador, ya que sugiere que hay más empleados dispuestos a recomendar la empresa que aquellos que no lo están. Veamos un ejemplo:

En una encuesta realizada a los trabajadores de una cadena de tiendas de moda, se les hizo la pregunta del eNPS. De 50 encuestados, obtuvimos las siguientes respuestas:

- Promotores (respondieron con 9 o 10): 25 empleados.
- Pasivos (respondieron con 7 u 8): 15 empleados.
- Detractores (respondieron entre 0 y 6): 10 empleados.

Primero, calculamos el porcentaje de promotores, pasivos y detractores:

- Promotores: 50 %
- Pasivos: 30 %
- Detractores: 20 %

Luego, utilizamos la fórmula del eNPS (promotores menos detractores):

$$eNPS = 50\% - 20\% = 30\%$$

Por lo tanto, el eNPS sería del 30%. Esto indica que hay un saldo positivo en cuanto a empleados que están dispuestos a recomendar la empresa como lugar de trabajo.

Las organizaciones pueden usar el eNPS como una herramienta para identificar áreas problemáticas y abordarlas para mejorar la satisfacción de los empleados. Una mejor cultura atraerá naturalmente a más talento. Si la puntuación del eNPS es alta, se puede utilizar en la estrategia de marketing de empleador para atraer talento. Mostrar altos niveles de satisfacción de los empleados puede ser atractivo para los futuros candidatos. Los empleados que son promotores podrían ser embajadores potenciales para la empresa, ayudando en el proceso de reclutamiento presentando a otros candidatos o compartiendo sus experiencias positivas.

A pesar de los desafíos, el sector *retail* sigue siendo atractivo para muchos debido a su dinamismo y la posibilidad de crecimiento profesional en un entorno de rápida evolución. Los principales elementos que atraen a las personas al sector incluyen oportunidades de desarrollo profesional, la posibilidad de trabajar en un entorno dinámico y multicultural. Por su parte, algunas de las barreras más citadas para unirse al sector incluyen la percepción de bajos salarios, la falta de beneficios y horarios poco flexibles, así como la percepción de un trabajo demandante física y emocionalmente, especialmente en roles de atención al cliente.

PASA A LA ACCIÓN

Te propongo la siguiente dinámica participativa que permitirá a los vendedores no solo identificar áreas de mejora, sino también comprometerse con acciones específicas para mejorar la disposición a recomendar la empresa como lugar de trabajo:

1. Pide a cada vendedor que marque en una nota adhesiva, en una escala del 0 al 10, su probabilidad actual de recomendar la empresa como lugar de trabajo a un amigo o familiar. Calcula y señala en la escala el eNPS actual de la empresa.

2. Cada vendedor escribe en notas adhesivas hechos concretos que influyan en su calificación anterior y coloca sus notas adhesivas en la escala del 0 al 10, asociando cada hecho con el número que consideran representa.

3. Solicita a los vendedores que identifiquen acciones concretas para mejorar cada uno de los hechos situados en los números más bajos (0-6). Escribe estas acciones en notas adhesivas separadas y colócalas junto a los hechos correspondientes.

4. Los vendedores vuelven a valorar su probabilidad de recomendar la empresa si se llevan a cabo las acciones planteadas, obteniéndose el nuevo eNPS objetivo.

5. Promueve la discusión sobre las acciones y compromisos individuales para implementar las mejoras identificadas.

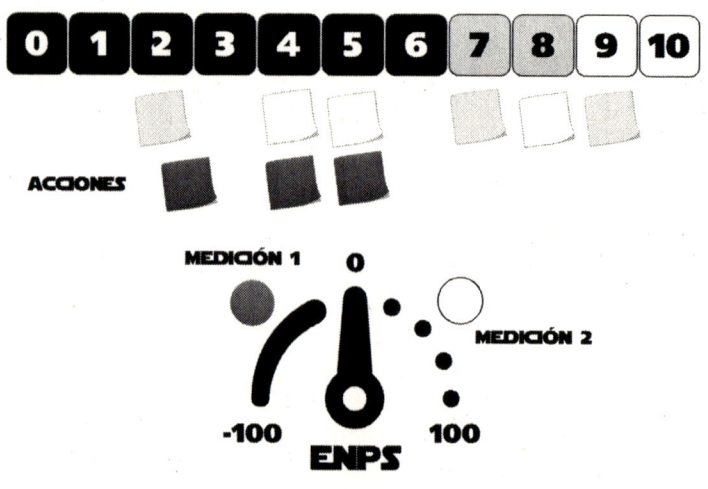

Integrar

¿CÓMO AUMENTAR LA SATISFACCIÓN DE LOS VENDEDORES?

Andrea estaba emocionada por comenzar en su nuevo trabajo como vendedora en una boutique local. Desde el momento en que puso un pie en la tienda, sintió una cálida acogida por parte de sus nuevos colegas, que recibieron a Andrea con gestos que generaron un impacto sorprendente en su primera semana. El primer día, al llegar, encontró en su escritorio una pequeña tarjeta de bienvenida junto con una planta en su maceta. La nota, escrita a mano, le daba la bienvenida al equipo y expresaba lo contentos que estaban de tenerla allí. La planta era un gesto simbólico de crecimiento y bienestar, y Andrea se sintió instantáneamente valorada y parte de algo especial. Durante la semana, cada día era recibida con un pequeño detalle por parte de un colega diferente. Un día, una de las vendedoras veteranas le entregó un cuaderno con una nota que decía: «Para tus nuevas ideas y logros». Otro día, el responsable de la tienda le regaló una taza personalizada con el logo de la tienda y una tarjeta que decía: «Empieza cada día con una sonrisa». Estos gestos, aunque pequeños, impactaron enormemente a Andrea. Se sintió emocionalmente conectada con su nuevo equipo y se esforzó aún más por integrarse y contribuir al ambiente positivo que se respiraba en la tienda.

Su respuesta a esta cálida acogida fue, también, muy positiva. En lugar de sentirse presionada por las expectativas o los desafíos del nuevo trabajo, se sintió motivada y con ganas de devolver la generosidad que había recibido. Comenzó a compartir sus ideas para mejorar la presentación de los productos, se ofreció para ayudar en áreas donde tenía experiencia previa y se mostró dispuesta a aprender de sus compañeros. La semana culminó con una reunión sorpresa en la que todo el equipo le dio la bienvenida de manera oficial. Andrea se sintió abrumada por la hospitalidad y la amabilidad mostrada hacia ella. Decidió agradecer a sus colegas con una pequeña merienda que ella misma preparó para todos, como muestra de su gratitud y deseo de formar parte de ese equipo tan especial.

El principio de reciprocidad en el campo de la influencia se basa en la idea de que las personas sienten una obligación o deseo de devolver los favores, regalos o gestos que reciben. En términos de influencia, este principio puede ser poderoso para persuadir a otros a través de acciones altruistas o favores iniciales. La historia de Andrea muestra cómo el uso de la reciprocidad no solo generó un impacto positivo en su integración y bienestar en el nuevo trabajo, sino que también la inspiró a contribuir de manera significativa al ambiente laboral y a fortalecer los lazos con sus colegas desde el inicio de su trayectoria en la tienda.

A nivel psicológico, el efecto de la reciprocidad se entiende principalmente a través de varios mecanismos. La sociedad y la cultura han establecido normas sociales que instan a las personas a responder de manera similar a los actos que reciben. Cuando alguien hace algo positivo por nosotros, sentimos una especie de obligación social para corresponder de manera similar. Existe una tendencia innata en los seres humanos a buscar la equidad en las interacciones sociales. Si alguien nos hace un favor o un regalo, puede generarse un desequilibrio psicológico hasta que devolvamos ese gesto para restablecer la sensación de justicia y equidad. La reciprocidad es esencial para la formación y mantenimiento de relaciones sociales. Cuando damos y recibimos, creamos lazos más fuertes y satisfactorios con los demás, lo que fomenta la colaboración y la confianza mutua.

La norma social de devolver un gesto al recibir un regalo tiene raíces profundas en la evolución humana y en las sociedades antiguas. Desde un punto de vista antropológico, esta norma puede explicarse a través de varios aspectos:

- **Reciprocidad en la supervivencia:** En las sociedades antiguas, la supervivencia dependía en gran medida de la cooperación y el intercambio entre individuos y grupos. La reciprocidad garantizaba la ayuda mutua en la obtención de recursos, lo que aumentaba las posibilidades de supervivencia.

- **Fortalecimiento de lazos comunitarios:** Devolver un regalo o un favor fortalecía los lazos sociales y comunitarios. Esto fomentaba la confianza y la colaboración entre individuos, lo que era esencial para la cohesión y la estabilidad de la sociedad.

- **Creación de redes de intercambio:** La reciprocidad establecía redes de intercambio y obligaciones sociales. Al recibir un regalo, se establecía una relación de deuda que motivaba al receptor a devolver el gesto en el futuro, creando así un sistema de intercambio beneficioso para ambas partes.

Estos principios de reciprocidad se han mantenido y evolucionado a lo largo de la historia humana, arraigándose en las culturas y formando la base de las normas sociales actuales que nos impulsan a devolver los gestos que recibimos, ya que esta acción fortalece las relaciones sociales y fomenta la colaboración en las comunidades.

El efecto de la reciprocidad no está necesariamente vinculado al valor monetario o material del regalo, sino más bien a otros aspectos. Un regalo inesperado tiende a generar un mayor impacto en la persona que lo recibe. Cuando algo llega sin que se espere, la sorpresa y la gratitud suelen ser más intensas, lo que puede aumentar la probabilidad de que la persona sienta la necesidad de devolver el gesto. Por otra parte, un regalo que demuestre consideración y cuidado hacia los gustos o necesidades de la persona puede ser más efectivo. Esto muestra una inversión emocional y puede generar una respuesta más positiva en términos de reciprocidad.

La autenticidad del gesto también es crucial. Un regalo dado sin esperar algo a cambio, de manera desinteresada y sincera, tiende a generar una sensación de deuda emocional que puede impulsar a la persona a devolver el gesto. Considerar el momento y el lugar es importante. En ocasiones, un gesto simple pero oportuno puede tener un impacto mayor que un regalo costoso, pero fuera de lugar.

Para los vendedores de una tienda, ofrecer regalos que cumplan con las condiciones de sorpresa, personalización, sinceridad y adecuación al contexto puede generar un impacto positivo en su motivación y desempeño. Aquí hay algunas ideas:

- **Cartas o tarjetas de agradecimiento escritas a mano**, destacando logros específicos o aportes notables de cada vendedor, pueden ser regalos significativos que demuestren aprecio y consideración.
- **Ofrecer días libres adicionales, horarios flexibles, oportunidades de capacitación especializada o participación en proyectos interesantes** puede ser un regalo valioso y sorprendente que fomente la lealtad y el compromiso del equipo.
- **Regalos pensados para los intereses individuales de cada vendedor**, como libros relacionados con sus pasatiempos, artículos de papelería personalizados, suscripciones a revis-

tas especializadas, o cupones para experiencias como masajes o cenas, pueden ser altamente apreciados.

- **Celebrar los logros del equipo en reuniones**, destacando los éxitos de cada vendedor frente a sus compañeros, puede ser un regalo intangible pero poderoso que eleva la moral y el sentido de pertenencia.

Al ofrecer estos regalos de manera genuina y oportuna, se puede esperar crear un ambiente laboral más positivo, motivador y centrado en el reconocimiento. Esto puede fortalecer la lealtad de los vendedores hacia la tienda, mejorar su compromiso con los objetivos de ventas y aumentar su satisfacción laboral, lo que puede resultar en un mejor desempeño y una mayor productividad general. ¿Cómo se relaciona esto con los equipos de ventas? La reciprocidad dentro de estos equipos no es solo dar y recibir en el sentido tradicional, sino también un intercambio emocional, de apoyo y reconocimiento entre los miembros. Cuando los líderes o compañeros ofrecen apoyo, reconocimiento o simplemente escuchan y se preocupan por sus colegas, se crea un entorno de confianza y colaboración.

Estudios y experiencias en numerosas empresas han demostrado que la aplicación consciente de la reciprocidad en el entorno laboral tiene un impacto significativo en la satisfacción de los trabajadores. El reconocimiento personalizado, el apoyo emocional y los programas de beneficios no monetarios basados en la reciprocidad han llevado a lograr equipos más motivados y satisfechos. Al fomentar la reciprocidad en los equipos de ventas, no solo estamos generando satisfacción laboral, sino también creando un ciclo virtuoso. La satisfacción lleva a un mayor compromiso, colaboración y un servicio más enfocado y empático hacia los clientes, lo que a su vez impacta positivamente en los resultados de ventas y en la imagen de la empresa. La reciprocidad no es solo un principio ancestral, es la clave para un entorno laboral motivador y una experiencia de venta excepcional.

Fomentar una cultura de dar en el entorno laboral puede tener impactos significativos que se reflejan en varios aspectos de la dinámica de trabajo. Por ejemplo, cuando se promueve la ayuda mutua y el apoyo entre colegas, se crea un ambiente propicio para la colaboración. Los empleados están más dispuestos a compartir conocimientos, experiencias y recursos, lo que lleva a un trabajo en equipo más efectivo. Una cultura de dar promueve relaciones laborales más sólidas. Los empleados se sienten más conectados entre sí, lo que mejora la comunicación, reduce conflictos y fomenta un ambiente de trabajo armonioso.

El acto de dar y ayudar a otros puede ser intrínsecamente gratificante. Los empleados se sienten más motivados al ver el impacto positivo que tienen en los demás, lo que puede aumentar su compromiso y satisfacción laboral. Al crear un entorno donde la generosidad y la colaboración son valoradas, se puede cultivar un clima laboral más positivo. Esto puede llevar a una reducción del estrés, un aumento de la lealtad hacia la empresa y una mayor retención de empleados. Una cultura de dar fomenta la libre circulación de ideas y la retroalimentación constructiva. Los empleados se sienten más seguros para compartir sus perspectivas y sugerir innovaciones, lo que puede impulsar la creatividad y el desarrollo de nuevas soluciones.

Estas muestras de generosidad y apoyo mutuo son indicativas de una cultura de dar en el entorno laboral. Un vendedor predispuesto a dar ayuda a sus compañeros ofreciéndoles entrenamiento adicional sobre cómo mejorar sus técnicas de venta o compartiendo consejos prácticos basados en su propia experiencia. Cuando se presenta una situación desafiante se muestra dispuesto a colaborar activamente con sus colegas, ofreciendo su ayuda para atender a los clientes o compartiendo tareas. También se toma el tiempo para reconocer los esfuerzos y logros de sus compañeros, expresando su aprecio por el buen trabajo realizado. Es un buen oyente, mostrando empatía hacia las preocupaciones o desafíos que enfrentan sus compañeros. Está disponible para ofrecer apoyo emocional o consejos constructivos cuando sea necesario.

La práctica de la reciprocidad en el entorno laboral puede traducirse en un servicio al cliente más satisfactorio y enriquecedor. Los empleados que experimentan reciprocidad en el trabajo suelen reflejar ese sentimiento en sus interacciones con los clientes. Si se sienten valorados y apoyados, es más probable que brinden un servicio al cliente más cálido, atento y de calidad. La reciprocidad experimentada por los empleados puede influir en la manera en que se relacionan con los clientes. Empleados que se sienten apreciados son más propensos a desarrollar una conexión emocional genuina con los clientes, lo que puede mejorar la percepción y la experiencia del cliente.

PASA A LA ACCIÓN

Te presento una dinámica para generar ideas para mejorar los niveles de satisfacción a nivel personal, de equipo y de proyecto:

1. Anima al equipo a ser creativo y pensar en deseos que mejoren diferentes aspectos.

2. Dedica un tiempo para que cada persona escriba tres deseos en post-its: Un deseo personal para ellos mismos, un deseo para mejorar el equipo, un deseo para el proyecto en general. Los post-its deben contener un deseo por cada área mencionada, utilizando un color específico para cada tipo de deseo.

3. Da la oportunidad a cada miembro para compartir sus post-its. Invita a explicar brevemente cada deseo para facilitar la comprensión y discusión.

4. Inicia una discusión en grupo sobre los deseos más votados o aquellos que generen más interés. Fomenta el intercambio de ideas sobre cómo hacer realidad estos deseos.

5. Concluye la actividad reflexionando sobre cómo se pueden convertir estos deseos en acciones concretas. Determina acciones específicas que el equipo puede implementar para acercarse a la realización de estos deseos.

Implicar

¿CÓMO OBTENER EL COMPROMISO DE LOS VENDEDORES?

Imagina una situación simple: una mezcla para pasteles lista para hornear, con solo un pequeño paso adicional antes de su cocción: añadir un huevo. Este fenómeno, conocido como el «efecto huevo», hace referencia a una estrategia de marketing utilizada por Duncan Hines en los Estados Unidos para vender mezclas para pasteles. Cuando las ventas de este producto no fueron las esperadas, la compañía descubrió que al incluir un paso adicional (añadir un huevo), los consumidores se sentían más involucrados en el proceso de cocinar el pastel y, por ende, estaban más satisfechos con el resultado final. Este sencillo gesto transforma la experiencia de preparar el postre. ¿Qué tiene de especial ese huevo? Te invita a formar parte activa del proceso, convirtiéndote en un cocinero creativo, dotando al pastel de un toque personal. Este efecto revela algo poderoso: la participación directa en la creación nos hace valorar más el resultado.

Ahora, trasladémonos al laberinto de muebles desmontados que es IKEA. ¿Alguna vez has ensamblado un mueble de IKEA? Descubres que cada pieza encaja perfectamente en su lugar. Pero ¿qué lo hace tan especial más allá de su diseño? El secreto está en el proceso: tu tiempo, tu esfuerzo y tu habilidad se invierten en su construcción. Este es el «efecto». Al contribuir a armar cada pieza, se genera un vínculo emocional con el mueble, convirtiéndolo en algo más que simples tablas y tornillos. Estos ejemplos, aparentemente mundanos, revelan una verdad fundamental sobre el compromiso en los equipos de trabajo. El compromiso no es solo una palabra en el ámbito laboral; es el resultado de involucrar a cada individuo en la creación, en la toma de decisiones y en la contribución al éxito colectivo.

El «efecto IKEA» y el «efecto huevo» comparten similitudes en el sentido de involucrar a las personas en un proceso de creación o finalización para aumentar su compromiso o valoración hacia un producto o proyecto. Ambos conceptos subrayan cómo la contribución personal puede influir en la percepción y valoración de un producto o experiencia. Las personas valoran más y se comprometen en mayor medida con algo que han contribuido a crear. En el entorno laboral, se puede aplicar involucrando a los empleados en la toma de decisiones, proyectos o procesos, lo que aumenta su compromiso. Por ejemplo, permitirles diseñar sus propios espacios de trabajo o incluirlos en la planificación estratégica de la empresa. Esto les brinda un sentido de pertenencia y responsabilidad, lo que aumenta su compromiso y motivación.

En un equipo de vendedores de tienda, se puede aplicar esta estrategia de diversas maneras para aumentar su compromiso:

- **Personalización de metas de ventas:** Permitir a cada vendedor contribuir en la creación de sus propias metas de ventas mensuales, lo que les da un sentido de propiedad sobre sus objetivos y aumenta su compromiso para alcanzarlos.

- **Diseño de estrategias de ventas:** Involucrar al equipo en la planificación de estrategias de ventas, permitiéndoles aportar ideas y sugerencias. Esto les da un papel activo en el proceso y aumenta su compromiso con la ejecución de esas estrategias.

- **Reorganización de espacios de venta:** Invitar a los vendedores a colaborar en el diseño y reorganización de la disposición de los productos en la tienda. Al contribuir en la presentación de la tienda, se sienten más comprometidos con su éxito y rendimiento.

- **Reconocimiento y premios personalizados:** Ofrecer incentivos o reconocimientos personalizados según las contribuciones de cada vendedor a objetivos colectivos. Esto refuerza el sentimiento de logro individual y aumenta su compromiso para futuras metas.

Otro elemento fundamental para aumentar el compromiso de las personas es la necesidad que los seres humanos tenemos de mostrar coherencia entre lo que declaramos que haremos y lo que terminamos haciendo. Cuando alguien hace una declaración pública o escribe un compromiso, siente la presión interna de actuar de manera consistente con lo que ha afirmado. Esta conexión se alinea perfectamente con la relación entre escribir compromisos y el principio de coherencia. Al plasmar por escrito un compromiso y hacerlo público, se activa la necesidad psicológica de mantener la coherencia entre las palabras y las acciones. Esta coherencia se convierte en un motor interno que impulsa a las personas a cumplir con lo que han declarado previamente.

La escritura de compromisos públicos refuerza la coherencia al convertir esa declaración en algo tangible y observable. Las personas se sienten impulsadas a cumplir con esos compromisos para mantener la coherencia con su propia imagen y percepción, así como con la imagen que proyectan a los demás. Esta conexión entre los compromisos escritos y el principio de coherencia destaca cómo la consistencia en el comportamiento puede ser una poderosa fuerza motivadora para el cumplimiento de los planes de acción.

Un ejemplo clásico que ilustra el principio de coherencia es el de las campañas de compromiso. Piensa en una organización benéfica que comienza solicitando a las personas firmar una petición simple a favor de una causa. Después de que muchas personas lo hacen, la organización se acerca a estas mismas personas y les pide donaciones o un compromiso más grande con la causa. Las personas que ya han accedido a la petición inicial tienen una tendencia mucho mayor a acceder a la petición más grande. Este comportamiento se basa en la coherencia: las personas desean mantener una imagen coherente con sus acciones anteriores. Si han mostrado apoyo inicialmente, están más inclinadas a seguir apoyando, ya que esto se alinea con su autoimagen de ser coherentes en sus acciones. El principio de coherencia destaca cómo las personas tienden a actuar de acuerdo con sus compromisos previos, y cómo la coherencia se convierte en un potente influenciador para asegurar que sus acciones sigan siendo consistentes con sus palabras y compromisos anteriores.

Existe otro efecto, opuesto al anterior, que consiste en presentar una solicitud inicial grande y probablemente irrazonable que se espera que sea rechazada, seguida por una solicitud más razonable y pequeña. La idea detrás de este efecto, conocido como de «la puerta en la cara» es que, después de rechazar la primera solicitud grande, la persona se sienta más inclinada a aceptar la segunda solicitud más pequeña. Por ejemplo, imaginemos a un vendedor que quiere vender un producto de alta gama por un precio elevado. Al presentar esta oferta inicial, es probable que el cliente la rechace debido al alto precio. Luego, el vendedor presenta una segunda oferta, que es la que realmente desea vender. El cliente, después de rechazar la oferta inicial más costosa, puede sentirse más inclinado a aceptar la segunda oferta, ya que esta parece más razonable y atractiva en comparación con la primera. Este efecto se basa en los principios de reciprocidad y compromiso. Al rechazar la primera solicitud grande, la persona siente una especie de deuda o compromiso tácito hacia el solicitante, lo que aumenta la probabilidad de que acepte la oferta más pequeña y razonable que se presenta después.

En equipos de ventas en tienda, el principio de coherencia puede ser una herramienta poderosa para asegurar que cumplan con sus compromisos. Hacer que los vendedores escriban sus compromisos de ventas, objetivos mensuales o estrategias específicas que planean implementar para alcanzar metas les incentiva de manera más sólida a seguir con lo que han planificado. Mantener registros visibles de los compromisos acordados refuerza la coherencia, ya que los vendedores saben que sus acciones están siendo observadas.

Hacer seguimiento regular de los compromisos establecidos, recordándoles a los vendedores sus objetivos y estrategias y destacar y elogiar públicamente a aquellos vendedores que cumplen consistentemente con sus tareas refuerza su compromiso y les sirve para mantener la coherencia en la ejecución. Asimismo, ofrecer ayuda, recursos y apoyo mutuo para que todos los vendedores se sientan respaldados en el proceso de cumplir con sus metas crea un ambiente de equipo donde se aliente el cumplimiento de compromisos.

La relación entre la libertad para elegir, la generación de compromiso y el cumplimiento de las acciones acordadas está estrechamente entrelazada. Cuando las personas perciben que tienen libertad para tomar decisiones, se sienten empoderadas y responsables de sus elecciones. Esta sensación de autonomía influye positivamente en su nivel de compromiso y disposición para comprometerse con las acciones que eligen llevar a cabo. Cuando las personas se comprometen con una acción, producto de su propia elección, ese compromiso tiende a ser más fuerte y genuino. Sentirse libres para tomar decisiones aumenta la probabilidad de que se comprometan con esas decisiones, ya que sienten que están alineadas con sus propias preferencias y valores. Adicionalmente, cuando las personas tienen la libertad de elegir las acciones que van a realizar, el cumplimiento de esas acciones tiende a ser más consistente. Este fenómeno se debe a que se sienten más responsables y comprometidas con lo que han decidido hacer. La sensación de autonomía también reduce la sensación de coacción, lo que favorece un cumplimiento más efectivo y voluntario de las acciones acordadas.

El efecto «but you are free...» es atribuido principalmente al psicólogo social Christopher Carpenter. Este efecto se basa en la influencia de recordar a las personas que tienen libertad para elegir y actuar como deseen, incluso después de recibir una solicitud o propuesta. Al incluir la frase «pero eres libre...» o variantes similares al final de una solicitud, se busca reducir la sensación de presión o coerción que puedan sentir las personas al recibir la petición. Esto les otorga un sentido de autonomía y control sobre su elección, lo que puede aumentar su disposición a cumplir con la solicitud. Por ejemplo, al pedir a alguien que realice una encuesta o done a una causa, se podría terminar la solicitud con frases como «pero, por supuesto, la decisión es tuya» o «siente la libertad de decidir». Esto brinda a la persona la sensación de que su elección es respetada, lo que puede resultar en una mayor probabilidad de cumplir con la solicitud.

Los estudios sobre este principio han utilizado diversas situaciones experimentales, desde solicitar donaciones para causas benéficas hasta pedir la participación en encuestas, y han observado cómo la inclusión de frases que enfatizan la libertad de elección al final de una solicitud afecta las respuestas de las personas. Estas investigaciones han demostrado consistentemente que agregar una declaración que resalte la libertad de elección aumenta la probabilidad de que las personas cumplan con la solicitud.

INFLUENCIA

En un entorno laboral de ventas en tienda, se puede aplicar este efecto de varias formas para mejorar el desempeño del equipo. Al establecer objetivos de ventas, se puede terminar la solicitud con frases como «pero sois libres de ajustar estos objetivos según consideréis apropiado». Esto da a los vendedores la sensación de control sobre sus metas y puede aumentar su compromiso con su logro. Al proponer nuevas estrategias de ventas o métodos, se podría finalizar la propuesta con algo como «pero, por supuesto, tenéis libertad para probar diferentes enfoques si lo deseáis». Esto les brinda la autonomía para adaptar las estrategias según su experiencia y conocimiento del cliente.

También se puede echar mano de este efecto para establecer normativas o políticas dentro de la tienda, terminando la comunicación con frases como «sin embargo, tenéis la libertad de plantear cualquier inquietud o sugerencia al respecto». Esto permite que los vendedores se sientan libres de expresar sus opiniones y comentarios, lo que puede fortalecer su compromiso con las políticas establecidas. Al pedir a los vendedores que asuman tareas adicionales, se podría concluir con frases como «pero, por supuesto, la participación es opcional y respetaremos tu decisión». Esto les otorga la libertad de elegir su grado de compromiso, lo que podría aumentar su disposición a colaborar. En resumen, aplicar el efecto «but you are free...» en el entorno de tienda implica permitir a los vendedores sentir que tienen libertad y control sobre sus acciones y decisiones, lo que puede mejorar su motivación, compromiso y desempeño.

PASA A LA ACCIÓN

Aquí tienes una dinámica para fijar compromisos para fomentar la responsabilidad compartida y la colaboración entre compañeros, asegurando que los compromisos establecidos tengan una mayor probabilidad de cumplimiento debido al apoyo y la rendición de cuentas mutuos:

1. Explica que cada participante establecerá tres compromisos: uno para las próximas 24 horas, otro para los próximos 7 días y uno para el presente mes.

2. Asigna un color específico de post-it para cada plazo. Los participantes escribirán sus compromisos en post-its del color correspondiente.

3. Pide a cada participante que elija a un compañero con el que compartirá su compromiso para aumentar la responsabilidad. Anima a que cada pareja se comunique y se apoye mutuamente para cumplir los compromisos.

4. Una vez que todos hayan escrito sus compromisos, solicita a los participantes que peguen sus post-its en un área designada separada por plazos.

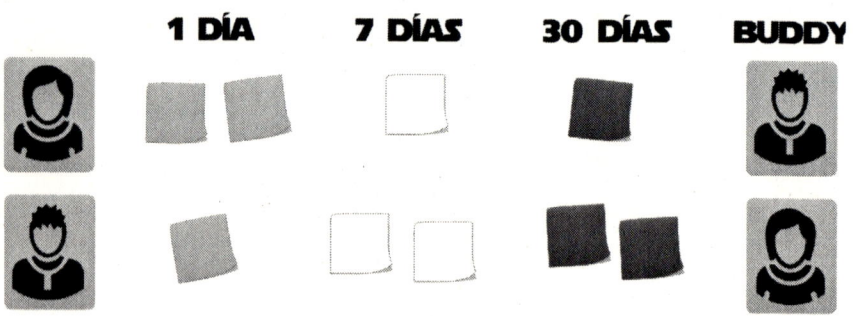

5. Invita a cada persona a presentar brevemente sus compromisos y la razón por la que eligieron a su compañero para compartirlos.

6. Establece tiempos de seguimiento para que las parejas compartan su progreso y se brinden apoyo durante el período de compromiso.

 **Inspirar**

¿CÓMO COMPARTIMOS NUESTRAS MEJORES HISTORIAS DE VENTA?

«Había una vez un líder inspirador al frente de una tienda de artículos para el hogar. Cada día, su mayor enfoque eran las personas que formaban su equipo de ventas. Conocía sus fortalezas, sus sueños y cómo cada uno anhelaba crecer y triunfar en el mundo de las ventas minoristas.

Hasta que un día, notó que su equipo estaba desanimado. Las metas parecían inalcanzables y la moral estaba decayendo.

Entonces, el líder decidió reunir al equipo en una sesión especial. Comenzó a contar historias, relatos de vendedores excepcionales que, en situaciones similares, habían superado desafíos y logrado metas más allá de lo esperado. Estas historias mostraban cómo la pasión, la creatividad y la dedicación habían transformado no solo las ventas, sino también las vidas de aquellos vendedores.

Hasta que finalmente, el equipo comenzó a ver esas historias como inspiración. Se dieron cuenta de que sus propias metas no eran inalcanzables, sino desafíos emocionantes que podían superar juntos. La atmósfera en la tienda cambió; el entusiasmo y la determinación se apoderaron del equipo. Esta experiencia dejó claro al líder y a su equipo el poder transformador de las historias para motivar, inspirar y unir a un grupo, recordándoles que dentro de cada desafío reside una oportunidad para crecer y triunfar».

Las 22 reglas de la escritura de Pixar fueron elaboradas por Emma Coats, una ex-storyboard de esta empresa. Estas reglas ofrecen consejos y pautas valiosas para contar historias efectivas en el ámbito de la animación, aunque muchos de estos principios son aplicables a la escritura en general. La estructura de la anterior historia del líder inspirador se alinea con una de esas reglas, que aporta un marco sólido para desarrollar historias de manera efectiva:

1. **«Había una vez...»:** Introduce el mundo y los personajes.
2. **«Cada día...»:** Establece la rutina normal de los personajes.
3. **«Hasta que un día...»:** Presenta un cambio o un evento que interrumpe la rutina.
4. **«Entonces...»:** Describe las acciones que surgen a raíz del cambio.
5. **«Hasta que finalmente...»:** Muestra la resolución o conclusión de la historia.

El *storytelling* en el entorno laboral es una herramienta poderosa para persuadir y conectar con los equipos. Algunas formas de utilizar la narración de historias incluyen:

- **Compartir historias personales o ejemplos con narrativas emotivas.** Ayuda a conectar con la audiencia y a hacer que el mensaje sea más memorable.
- **Utilizar historias para ilustrar los valores o la visión de la empresa.** Esto ayuda a que los equipos se identifiquen con los objetivos comunes.
- **Presentar casos o situaciones pasadas y cómo fueron resueltas.** Esto muestra la capacidad del equipo para superar obstáculos.
- **Utilizar historias para dar contexto a datos o estadísticas.** Esto hace que la información sea más fácil de comprender y recordar.
- **Compartir relatos de éxitos, superación o aprendizaje personal** para motivar al equipo y fomentar la resiliencia.

INFLUENCIA

Las historias han tenido un impacto profundo en las personas a lo largo de la historia por múltiples razones. Crean empatía y conexión emocional, lo que permite a las personas identificarse con los personajes o situaciones narradas. La información presentada en forma de historia tiende a ser más memorable que los hechos o datos simples. Las historias activan áreas del cerebro más allá de las relacionadas con el lenguaje. Se ha demostrado que la liberación de neurotransmisores como la dopamina aumenta cuando las personas están inmersas en una narrativa convincente.

Por otro lado, las historias permiten a las personas comprender y sentir las emociones de los demás, lo que fortalece los lazos sociales y la comprensión interpersonal. Los relatos pueden facilitar el aprendizaje al proporcionar un contexto que ayuda a comprender conceptos complejos de manera más clara. Al activar múltiples áreas cerebrales, las historias se almacenan y recuperan de manera más efectiva en la memoria a largo plazo, por eso las historias son más fáciles de recordar que los datos o hechos aislados.

El poder de las historias se encuentra arraigado en nuestra biología y ha sido una herramienta fundamental para la comunicación, educación y conexión humana a lo largo de la historia. Se ha observado que cuando escuchamos una historia, nuestras mentes tienden a sincronizarse con la del narrador o los personajes. Esta sincronización neuronal puede aumentar la comprensión y la conexión emocional.

En el ámbito de las ventas, el *storytelling* se convierte en un arma poderosa de influencia. Al compartir historias de éxito de otros vendedores que superaron desafíos similares, se puede inspirar y motivar al equipo a abordar situaciones difíciles con creatividad y determinación. Además, las historias no solo influyen en el equipo, sino que también pueden ser herramientas poderosas para conectar con los clientes. Al transmitir historias sobre cómo los productos o servicios han mejorado la vida de otros clientes, se genera una conexión emocional que va más allá de las características técnicas.

La narración de historias y el liderazgo están estrechamente relacionados. El *storytelling* efectivo es una herramienta clave para los líderes, ya que les permite comunicar su visión, inspirar a sus equipos, transmitir valores y motivar a las personas hacia un objetivo común.

Las historias permiten a los líderes conectar con sus equipos a un nivel más profundo, transmitiendo valores compartidos, superando barreras y generando confianza. Una historia bien contada puede inspirar a las personas, infundirles entusiasmo por los objetivos de la organización y motivarlas para superar desafíos. Los líderes pueden utilizar historias para transmitir la cultura organizacional, destacar la importancia de ciertos valores y mostrar ejemplos concretos de cómo esos valores se aplican en situaciones reales.

Chip y Dan Heath, en su libro *Ideas que pegan*, exploran el concepto de cómo las ideas pueden ser comunicadas de manera efectiva para que sean más memorables y convincentes. En el libro identifican seis principios clave que hacen que las ideas sean «pegajosas» o memorables:

- **Sencillez:** Las historias simplifican el mensaje, haciéndolo más fácil de entender y recordar.
- **Inesperado:** Las historias que presentan elementos inesperados o sorprendentes capturan la atención y se quedan en la memoria.
- **Claridad:** Las historias con detalles concretos y tangibles son más fáciles de recordar que las ideas abstractas.
- **Credibilidad:** Las historias que provienen de fuentes creíbles o tienen elementos que refuerzan la credibilidad son más persuasivas.

INFLUENCIA

- **Emocional:** Las historias que evocan emociones conectan más profundamente con las personas y son más memorables.
- **Narrativa:** La estructura narrativa de una historia, con inicio, desarrollo y conclusión, ayuda a organizar y retener la información de manera efectiva.

Al incorporar estos elementos en la presentación de ideas utilizando historias, se pueden hacer más memorables y convincentes, logrando que perduren en la mente de las personas y generen un impacto duradero.

En uno de los pasajes del libro *Las aventuras de Tom Sawyer*, de Mark Twain, Tom Sawyer, ante la tarea de pintar la valla de la casa de su tía como castigo, ideó un ingenioso plan para convencer a sus amigos de que pintar la valla era una tarea fascinante y deseable, logrando que ellos mismos quisieran hacer el trabajo por él. Tom se acercó a la cerca y comenzó a pintarla de manera entusiasta. Cuando sus amigos pasaron, Tom no solo demostró su entusiasmo por la tarea, sino que hizo que pintar la cerca pareciera algo realmente emocionante y privilegiado. Los amigos, intrigados por la actitud de Tom, le preguntaron si podían ayudar.

Tom, astutamente, fingió desinterés, comentando que no podía permitirles hacerlo, ya que no tenían la habilidad para realizar esa tarea correctamente. Les dijo que era un trabajo muy especial que él sabía hacer con maestría, y que, si lo hacían mal, su tía no les pagaría. Esta forma de presentar los hechos hizo que sus amigos se sintieran intrigados y comenzaran a suplicarle que les permitiera ayudar. Tom finalmente les dio algunos pinceles y los dejó pintar, actuando como si les estuviera otorgando un gran privilegio.

El ingenio de Tom para convertir una tarea aburrida en algo deseable y privilegiado muestra su capacidad para influir en los demás a través de la persuasión, un ejemplo clásico de cómo la narrativa puede llevar a que otros realicen una tarea que inicialmente no querrían hacer. La historia de Tom Sawyer y la cerca ofrece un poderoso ejemplo de cómo cambiar la percepción de una tarea aparentemente aburrida o indeseable. En el caso de querer convencer a vendedores de realizar una tarea de venta, en una tienda, que inicialmente no les gusta, se podría utilizar un enfoque similar al de Tom:

1. **Presentando la tarea de ventas como una oportunidad exclusiva y emocionante.** Destaca los beneficios y las experiencias positivas que se pueden obtener al interactuar con clientes y ofrecer soluciones a sus necesidades.

2. **Haciendo ver que la tarea de ventas parezca una habilidad especializada y valiosa** que solo algunos pueden manejar con maestría. Muestra cómo el arte de la venta puede abrir puertas a oportunidades únicas y beneficios especiales.

3. **Despertando la curiosidad de los vendedores** haciéndoles ver que este trabajo puede ser desafiante pero gratificante. Resalta casos de éxito o historias de otros vendedores que, al enfrentarse a desafíos similares, lograron resultados excepcionales y se sintieron satisfechos.

4. **Otorgando a los vendedores el sentido de responsabilidad y control** al permitirles liderar interacciones con clientes y tomar decisiones creativas para cerrar ventas. Esto les hace sentir que son los dueños de su trabajo y que su éxito depende de su habilidad y compromiso.

Al utilizar los elementos de una historia, como la de Tom Sawyer, presentando el arte de vender como un privilegio especial, es posible cambiar la percepción de los vendedores sobre la tarea de ventas y motivarlos a abordarla con entusiasmo y dedicación.

INFLUENCIA

Se atribuye a mi paisano y poeta del siglo XIX Ramón de Campoamor la frase: «Nada es verdad ni es mentira, sino que todo depende del color del cristal con que se mira». Relacionándolo con la fuerza de la narrativa y el poder de contar historias, esta frase resalta cómo la manera en que se cuenta una historia, quién la cuenta y desde qué punto de vista se narra puede alterar la percepción de los que la están escuchando.

Las historias no son simples relatos de hechos objetivos, sino que están teñidas por la subjetividad y la interpretación del narrador. Dependiendo del enfoque, del énfasis en ciertos aspectos y de la elección de detalles, una historia puede ser percibida y comprendida de diversas maneras. Las historias pueden influir en cómo las personas ven el mundo, cómo entienden a los demás y cómo se relacionan con diversas ideas y conceptos.

PASA A LA ACCIÓN

Puedes usar la siguiente dinámica para fomentar la reflexión individual y el intercambio de aprendizajes, además de para promover la colaboración para construir una historia colectiva que refleje la contribución de cada miembro al éxito del equipo:

1. Cada participante escribirá en *post-its* 3 elementos o acciones que ha aportado al equipo en el último periodo, 2 aprendizajes de ese periodo y una pregunta que le gustaría dejar al equipo. Pide a los miembros del equipo que coloquen sus *post-its* en un área visible, como una pared o una pizarra.

2. Una vez que todos los *post-its* estén en la pared, invita a los participantes a colaborar para organizar los elementos y construir una historia. Pueden agrupar los elementos similares o relacionados para construir diferentes partes de la historia (por ejemplo, elementos aportados, aprendizajes, preguntas). Pueden utilizar los aprendizajes como giros en la historia o puntos de reflexión y las preguntas como puntos de giro o elementos desencadenantes de la narrativa.

3. Una vez creada, alguien del equipo narra la historia en base a los *post-its*.

4. Finaliza, con una reflexión por parte del equipo sobre cómo los elementos individuales contribuyeron a la historia general y cómo la historia refleja la colaboración y aportes de cada miembro al equipo.

 # El Lado Oscuro

¿QUÉ PODEMOS PERDER SI CAEMOS EN LA TRAMPA DE LA MANIPULACIÓN?

Imaginar cómo dirigiría Darth Vader un equipo de vendedores utilizando técnicas manipuladoras implica un enfoque completamente diferente al ético y saludable. Vader, conocido por su autoritarismo y su búsqueda implacable de poder, probablemente dirigiría su equipo de vendedores utilizando un enfoque basado en el miedo y la intimidación. Utilizaría su posición de poder para imponer decisiones sin discusión, creando un ambiente donde la obediencia ciega sería la norma. Podría recurrir a amenazas sutiles o no tan sutiles para asegurarse de que sus vendedores cumplan con sus objetivos de venta. La idea de decepcionar a Vader sería temida.

Sin duda, manipularía la información que comparte con su equipo, revelando solo lo que conviene a sus intereses y manteniendo a sus vendedores en la oscuridad sobre ciertos detalles estratégicos. Fomentaría rivalidades entre los miembros del equipo, promoviendo la competencia desleal para debilitar la cohesión del grupo y mantener el control. Por último, podría recompensar generosamente a aquellos vendedores que cumplen con sus expectativas, pero castigar severamente a los que no lo hacen, creando así una competencia interna intensa y poco saludable.

En un escenario empresarial real y ético, este tipo de liderazgo sería altamente perjudicial. El uso de la manipulación y el miedo como herramientas de gestión conlleva graves consecuencias a largo plazo, como la desmotivación, la alta rotación de personal y un ambiente laboral tóxico. En un entorno de trabajo saludable y ético, el liderazgo se basa en la transparencia, la confianza, la colaboración y el apoyo mutuo. Los métodos manipuladores solo minarían el espíritu del equipo y perjudicarían tanto a los individuos como a la organización en su conjunto.

A diferencia de la influencia, que implica persuadir a alguien con argumentos honestos y transparentes, la manipulación tiende a ser más engañosa y busca controlar o dirigir a alguien hacia un objetivo oculto o egoísta. La influencia busca el bienestar mutuo, mientras que la manipulación se centra en beneficiar a una parte a expensas de la otra. La manipulación puede implicar el uso de tácticas como el engaño, la presión emocional, la distorsión de la verdad, el chantaje emocional o incluso la explotación de las debilidades de alguien para lograr un objetivo específico. También puede incluir el control de la información o la supresión de detalles importantes para influir en la percepción o la toma de decisiones de alguien.

Un líder manipulador es aquel que utiliza tácticas de manipulación para influir en su equipo o seguidores. Esto puede implicar el uso de engaños, presión emocional, control de la información o la explotación de las vulnerabilidades de los demás para mantener el poder o lograr sus propios objetivos, sin considerar el bienestar del grupo o de los individuos involucrados. Es un enfoque destructivo que socava la confianza y el desarrollo genuino dentro de un grupo. Un liderazgo manipulador suele desarrollarse en una cultura organizacional donde predominan la falta de transparencia, la competencia desmedida, la presión por resultados inmediatos y la ausencia de valores éticos sólidos.

El escándalo de Wells Fargo es un caso emblemático de conducta fraudulenta y prácticas poco éticas que salieron a la luz en 2016. Wells Fargo, uno de los bancos más grandes de Estados Unidos, se vio envuelto en un escándalo masivo debido a la apertura de millones de cuentas bancarias falsas o no autorizadas. El problema fundamental residía en la presión extrema que la gerencia y los ejecutivos de Wells Fargo ejercían sobre sus empleados para cumplir con objetivos agresivos de ventas y metas de apertura de cuentas. En un esfuerzo por satisfacer estas demandas, se recurrió a prácticas fraudulentas, como la apertura de cuentas ficticias, el traslado de fondos entre cuentas sin autorización y la emisión de tarjetas de crédito no solicitadas. El caso de Wells Fargo puso de relieve la importancia de una cultura corporativa ética y destacó los riesgos de establecer metas de ventas agresivas sin tener en cuenta la ética y la integridad en las prácticas comerciales, lo que resultó en un escándalo devastador y costoso para la reputación y las finanzas del banco.

El miedo puede ser una herramienta poderosa para manipular a las personas. La relación entre el uso del miedo y la manipulación radica en cómo el miedo puede ser explotado para influir en el comportamiento, las decisiones y las acciones de alguien sin su consentimiento real. La amenaza o el miedo a consecuencias negativas, ya sea la pérdida del empleo, represalias, castigos o rechazo, puede utilizarse para forzar a alguien a actuar de cierta manera.

Generar miedo puede llevar a una persona a actuar en contra de sus propios intereses o valores, especialmente si se explota su vulnerabilidad emocional o se les hace sentir que algo terrible o peligroso sucederá si no actúan de cierta manera. La difusión deliberada de información alarmante o sesgada puede generar miedo y controlar la percepción de la realidad de las personas, lo que a su vez puede influir en sus decisiones y acciones. Además, alimentar el miedo puede hacer que las personas dependan más de quien los manipula, buscando protección o seguridad en esa figura, lo que lleva a una relación desequilibrada de poder.

Me entristece seguir viendo, cuando paso por las principales calles de las ciudades o por los centros comerciales, cómo los vendedores de muchas tiendas (más de las que podrías imaginar) se agachan cada vez que pasan por la puerta de su tienda para «mejorar la tasa de conversión». En primer lugar, obligar a los empleados a agacharse con el fin de manipular la tasa de conversión es una acción degradante. Los vendedores se sienten humillados, desvalorizados y desmotivados al tener que realizar esta práctica deshonrosa simplemente para alterar artificialmente las métricas de rendimiento. Esto hace caer por los suelos su autoestima, genera resentimiento hacia la empresa y afecta su compromiso con el trabajo. Algo tan degradante genera un clima laboral tóxico. Los empleados se sienten menospreciados y menos dispuestos a comprometerse con la empresa.

La moral y la motivación disminuyen drásticamente, lo que a su vez afecta el desempeño general y la calidad del servicio al cliente. La falta de respeto y la sensación de que los empleados son simplemente herramientas para alcanzar objetivos numéricos pueden resultar en una alta rotación de personal, lo que a su vez impacta negativamente en la cohesión del equipo y en la calidad del servicio al cliente.

Centrarse únicamente en los resultados, como los *Key Performance Indicators* (KPI), mientras se descuidan las acciones que conducen a esos resultados, puede tener varios efectos negativos. Al ignorar las acciones que llevan a los resultados, se pierde de vista el proceso y las estrategias que realmente impulsan el éxito a largo plazo. Esto puede llevar a un enfoque excesivo en resultados inmediatos sin considerar la sostenibilidad a largo plazo. Cuando solo se valora el resultado final, se crea una presión abrumadora sobre el equipo para cumplir con las metas a toda costa. Esto puede generar estrés, ansiedad y desmotivación, especialmente si los empleados sienten que sus esfuerzos no se reconocen si no se reflejan inmediatamente en los resultados.

INFLUENCIA

Si se pasa por alto el análisis de las acciones y estrategias utilizadas para alcanzar los resultados, se pierde la oportunidad de aprender y mejorar. El desarrollo continuo se ve obstaculizado ya que no se identifican ni se corrigen los problemas en el proceso. En un entorno donde solo se valora el resultado final, existe el riesgo de que los empleados recurran a prácticas poco éticas para alcanzar los KPI, ignorando la ética empresarial o el servicio al cliente en favor de alcanzar metas numéricas. La presión constante para cumplir con los resultados sin considerar el proceso puede provocar desgaste y desmotivación en el equipo, lo que podría llevar a una alta rotación de empleados en busca de ambientes laborales más saludables.

En resumen, estas malas prácticas no solo afectan negativamente la moral y la motivación de los empleados, sino que también dañan la reputación y el ambiente laboral de la empresa, generando un ciclo perjudicial que afectará el rendimiento a largo plazo. Es esencial encontrar un equilibrio entre la valoración de los resultados y el análisis de las acciones que los generan. Comprender y mejorar las estrategias y procesos utilizados para alcanzar los objetivos es fundamental para un crecimiento sostenible. Al fomentar una cultura organizacional basada en la ética, la transparencia y el respeto mutuo, se puede contrarrestar la manipulación y cultivar un entorno de trabajo mucho más saludable y productivo.

Pocas palabras bastan

Fomentar un entorno donde los empleados se sientan orgullosos de trabajar, celebrar los logros individuales y colectivos, reconocer el buen desempeño y crear oportunidades para que los empleados compartan sus experiencias positivas, genera una cultura de orgullo y pertenencia.

La reciprocidad es esencial para la formación y mantenimiento de relaciones sociales. Cuando damos y recibimos, creamos lazos más fuertes y satisfactorios con los demás, lo que fomenta la colaboración y la confianza mutua. La norma social de devolver un gesto al recibir un regalo tiene raíces profundas en la evolución humana y en las sociedades antiguas.

Las personas valoran más y se comprometen en mayor medida con algo que han contribuido a crear. En el entorno laboral, se puede aplicar involucrando a los empleados en la toma de decisiones, proyectos o procesos, lo que aumenta su compromiso.

Las historias permiten a las personas comprender y sentir las emociones de los demás, lo que fortalece los lazos sociales y la comprensión interpersonal. Los relatos pueden facilitar el aprendizaje al proporcionar un contexto que ayuda a comprender conceptos complejos de manera más clara.

El uso de la manipulación y el miedo como herramientas de gestión conlleva graves consecuencias a largo plazo, como la desmotivación, la alta rotación de personal y un ambiente laboral tóxico. En un entorno de trabajo saludable y ético, el liderazgo se basa en la transparencia, la confianza, la colaboración y el apoyo mutuo.

CONTINUARĀ

No, la resistencia no ha muerto, la guerra solo acaba de empezar y yo, yo no voy a ser el último Jedi.

Luke Skywalker

CONTINUARÁ

La posibilidad de una nueva esperanza se vislumbra en la galaxia de las ventas. Los vendedores Jedi son los guardianes de la luz, aquellos que resisten las tentaciones del Lado Oscuro, defendiendo la ética, la excelencia y el servicio al cliente por encima de todo.

La ejecución de estrategias emerge como la fuerza vital que impulsa la transformación y el éxito de las empresas. El compromiso de estos vendedores con la causa noble del *retail* brinda una oportunidad para una nueva rebelión en la galaxia comercial. A través de la influencia consciente, la empatía galáctica, el propósito inquebrantable y el diseño de experiencias estelares, la visión de un futuro brillante para el *retail* persiste.

A pesar de las malas prácticas del Lado Oscuro y del Imperio que buscan corromper el sector, la fortaleza de los vendedores Jedi y su determinación para implementar cambios significativos y mantener altos estándares éticos, prometen mantener viva la llama de la esperanza.

Con la Fuerza como aliada, la resistencia a las prácticas oscuras se convierte en la senda para mantener vivo y próspero el *retail* en la galaxia de las ventas. Estás a punto de comenzar la cuenta regresiva para un emocionante y galáctico viaje hacia el lanzamiento del nuevo *retail*, donde la velocidad del Halcón Milenario será nuestro estándar:

10 **Establece objetivos que vayan más allá de las cifras de ventas.** Por ejemplo, metas que involucren mejorar la experiencia del cliente, fomentar un ambiente inclusivo y colaborativo dentro de la tienda.

9 **Fomenta una mentalidad de crecimiento entre los vendedores**, animándolos a ver cada interacción como una oportunidad de aprendizaje y mejora.

8 **Implementa sistemas de reconocimiento** que no solo se enfoquen en los números de ventas, sino que también valoren la actitud proactiva, la resolución de problemas y el compromiso con los valores de la empresa. Reconoce y celebra los esfuerzos y logros que están alineados con la cultura de soluciones y aprendizaje continuo.

7 **Ofrece la formación que enseñe a los vendedores los principios de la neurociencia aplicada a las ventas.** Esto incluiría comprender cómo funciona el cerebro en el proceso de toma de decisiones, la persuasión, la generación de confianza y cómo utilizar este conocimiento para mejorar las interacciones con los clientes.

6 **Capacita a los vendedores en técnicas para manejar emociones y mantener un estado mental positivo**, ya que esto influye directamente en su interacción con los clientes y su capacidad para enfrentar desafíos.

5 **Crea hábitos positivos en la atención al cliente.** Esto puede incluir técnicas de escucha activa, empatía, resolución de problemas y comunicación efectiva. Fomenta la práctica regular de estos hábitos a través de seguimientos, retroalimentación constante y reconocimiento por la implementación exitosa de estos comportamientos en las interacciones con los clientes.

4 **Brinda herramientas y métodos que ayuden a los vendedores a priorizar acciones basadas en las necesidades y preferencias del cliente**, permitiéndoles ofrecer soluciones más significativas y personalizadas.

3 **Introduce actividades lúdicas o elementos de juego en el ambiente laboral para aumentar el compromiso y la motivación de los vendedores.** Esto puede incluir juegos, desafíos o actividades grupales que fomenten la colaboración y la diversión en el trabajo.

Crea oportunidades para que los vendedores compartan sus experiencias positivas, ya sea a través de testimonios, eventos especiales o plataformas internas, fomentando así una cultura de orgullo y pertenencia.

Genera espacios de colaboración donde los vendedores puedan aportar ideas, sugerencias y soluciones, promoviendo un ambiente donde se valoren y se tomen en cuenta sus contribuciones.

Prepara los motores, ajusta los sistemas de hipervelocidad y prepárate para despegar hacia un nuevo horizonte en el *retail*.

A bordo de esta nave, el compromiso y la colaboración serán nuestro combustible. Reciprocidad, participación en la toma de decisiones y la narración de historias nos impulsarán hacia adelante, en un viaje lleno de emoción, aprendizaje y logros.

¡Que la Fuerza del nuevo *retail* te acompañe en este viaje hacia la excelencia!

Que la Fuerza esté contigo. Siempre.

OBI-WAN KENOBI